当代『名校·名师·名课』教育观察与实践

姜世香◎著

安徽师范大学出版社

·芜湖·

图书在版编目(CIP)数据

当代"名校·名师·名课"教育观察与实践 / 姜世香著. — 芜湖:安徽师范大学出版社,
2018.5

ISBN 978-7-5676-3728-3

Ⅰ.①当… Ⅱ.①姜… Ⅲ.①教育工作 — 研究 Ⅳ.①G4

中国版本图书馆CIP数据核字(2018)第188483号

当代"名校·名师·名课"教育观察与实践

DANGDAI MINGXIAO MINGSHI MINGKE JIAOYU GUANCHA YU SHIJIAN　　姜世香◎著

责任编辑:潘　安

装帧设计:丁奕奕

出版发行:安徽师范大学出版社

　　　　　芜湖市九华南路189号安徽师范大学花津校区

网　　址:http://www.ahnupress.com/

发 行 部:0553-3883578　5910327　5910310(传真)

印　　刷:虎彩印艺股份有限公司

版　　次:2018年5月第1版

印　　次:2018年5月第1次印刷

规　　格:700 mm×1000 mm　1/16

印　　张:15.75

字　　数:200千字

书　　号:ISBN 978-7-5676-3728-3

定　　价:58.00元

如发现印装质量问题,影响阅读,请与发行部联系调换。

序

　　和姜世香同学认识已经有20多年了，从教师到大队辅导员到副校长再到校长，目睹了她每一次的成长与进步。2015年姜世香同学作为"年龄"最大的考生，考取了吉林师范大学教育科学学院教育管理专业研究生，并有幸成为我的"弟子"，再一次亲历了她这三年的刻苦读书的全过程，2018年6月她的硕士论文《小学品牌建设的个案研究》顺利通过答辩并获得教育管理教育硕士专业学位。这篇论文对四平市第二实验小学的品牌创建进行了全面梳理：结合学校自身的教育核心理念和特色，让自身的办学理念、办学特色能够走出学校、走向社会、走向世界，从而获得更多的社会支持和社会资源，以便能够更好地服务于社会，提高学校的社会认同感、增强学校的竞争力。这篇论文受到了答辩委员会的一致好评，认为这是学校品牌创建和名校创建中在理论和实践上都进行全面概括的优秀论文，对基础教育的名校建设具有重要的指导价值。

　　百年大计，教育为本。教育是民族振兴、社会进步的基石，是提高国民素质、促进人的全面发展的根本途径。中国未来发展、中华民族伟大复兴梦的实现，关键靠人才。培养人才要从娃娃抓起。小学教育是我国基础教育的有机组成部分，既是我国学校教育的奠基阶段，也是终身教育的起始和奠基阶段。基础教育的"名校·名师·名课"的理论与实践研究无疑是推动基础教育优良发展的助推剂。

"名校·名师·名课"的创建意义重大：

就学校而言，是一所质量一流的示范学校，是一所具有优秀教师群体并适宜名师成长的学校，是一所具有丰富内涵的文化学校，是一所得到社会公认的特色学校。

就教师团队建设而言，一流的名师支撑起一流的名校，一流的教育呼唤着名师辈出，名师荟萃，有利于学校教育教学质量的提高，有利于在更大范围内扩大学校的知名度、美誉度。培养名师就是打造团队成长的动力源，能够以点带面，以优秀个体促进教师群体，引领教师群体的专业发展。

就教师自身而言，成为名师能够激发教师自身发展需求，促进教师自身内涵发展，实现教师个人人生价值。

就学生而言，在名师引导下，通过名课让学生亲其师、信其道，名师的举止风范、行为习惯甚至兴趣爱好能够起到潜移默化的作用，极大地提高其学习效率。

"名校·名师·名课"是基础教育改革和发展的领军力量，打造庞大的名师队伍，可以极大地促进教育的均衡发展、特色发展、内涵发展和优质发展。

恰逢"名校·名师·名课"研究兴旺之际，姜世香校长的《当代"名校·名师·名课"教育观察与实践》即将付梓。本人有幸先目睹书稿，该成果是作者多年教学经验和管理经验的总结和提升，成果显示了作者对"名校·名师·名课"创建的深刻认识。

本书是作者30余年教学实践的概括和总结，对名校、名师、名课的内涵、创建及培养策略进行了理论和实践上的深刻剖析。希望本书的问世能够在基础教育的改革与创新中发挥积极的作用。

（吉林师范大学纪国和教授）

二〇一八年六月

前　言

　　名校、名师、名课等教育热点词语的频繁出现是深化教育改革、探索、创新的必然产物，是新时代优质教育品位升高的客观呼唤。争当名师、争上名课、争创名校是新时代中国教育自身发展的战略需要。优质教育是特定时代的产物，是在特定的时代背景下（包括政治、经济、文化和生活等），在最先进的教育理想、教育理论和管理理论的指导下，所追求的一种高质量、高效率的教育目标或提升办学品位的教育对策。

　　教师是学校办学的主体，是教育力量中最为活跃的因素。名课是名师的立足点，名师是名校的重要内涵，而名校是名师作用的拓展与延伸。先有名师还是先有名课，先有名校还是先有名师，此类问题，本书不加以评论。名课、名师与名校各自以对方的存在为前提，相伴而生，哪一方面都是不可或缺的。本书所强调的是立足教师自身，立足学校发展，如何快速有效地加以提升。为此，希望读者不要纠结三者先后关系问题。

　　十九大报告指出，建设教育强国是中华民族伟大复兴的基础工程，必须把教育事业放在优先位置。《国家中长期教育改革和发展规划纲要（2010—2020年）》中指出：实施科教兴国战略和人才强国战略，优先发展教育，办好人民满意的教育，建设人力资源强国。同时，指出要立足社会主义初级阶段基本国情，把握教育发展的阶段性特征，坚持依法治教，尊重教育规律，夯实基础，优化结构，调整布局，提升内涵，促进教育全面协调可持续发展。这些政策与文件的相继出台，都成为我们教育工作者继续前进的助推剂。

就"名校·名师·名课"建设而言，本书认为要重视以下五个方面的内容：

第一，要着力打造品位高雅的学校文化。学校文化是学校品牌建设的灵魂。一所学校是否有朝气，是否有前途，不仅在于它拥有多么先进的设施，更重要的是要有一种先进的教育理念、明晰的办学愿景、独特的精神风貌、丰厚的文化底蕴。

第二，要着力打造与提升教育教学质量。教学质量是学校的生命线，是打造品牌学校的基础和保证，也是社会认可一个学校的重要指标，是品牌学校建设的重中之重。一所学校，首先应该有较高的教学质量，然后才有可能创品牌、创特色，成为名校。

第三，要着力打造高素质教师队伍，"打造名师"。教师是学校发展的核心竞争力，品牌学校建设的重点是要抓好教师队伍建设，要为教师发展搭建平台，创造机会，让教师有成就感、归宿感、自豪感。

第四，要实施精细化的有效管理。要向过程管理要质量要效益。在管理过程中重点抓好5个字："精、细、严、实、恒"。"精"就是做到精致、精细、精心；"细"就是对管理过程中的每个细节做到细密、细致、细心；"严"就是要做到严格、严谨和严明；"实"就是做到实干、实际、实效，做到人人都管理，处处有管理，事事见管理，真抓实干；"恒"就是要做到持之以恒，坚持不懈。

第五，要着力打造学校品牌特色。名校、品牌学校建设的标志即学校特色。色彩纯净是一种美，但五彩缤纷才是生活的本来面目。品牌学校应该有自己的特色和个性。这里所指的特色，是学校在长期的教育实施活动中所形成的独特的办学风貌或教育风格，是指学校整体的个性，是学校在长期教育实践中形成的独特的、优质的、稳定的教育风貌。

本书是作者多年来打造"名校·名师·名课"的理论和实践研究的结晶，精选了作者近年来主持或参与的各级课题研究成果以及课题组成员公开发表的学术成果。作者立足于三十余年的教育教学工作，结合吉林省四平市第二实验小学校长管理工作实际，对当下教育领域中的"名校·名师·名课"等热点进行了理性观察与思考。书中以一名一线教师的身份梳理了名师的成长历程，提炼了名课的内涵与构建策略，以一名基层学校领导者的视角对名校建设做了深入的剖析。全书围绕当下"三名工程"的大背景，深入浅出地回答了为什么、如何做等系列问题，具有较高的理论性、学术性和前瞻性。

本书在写作过程中，搜集并整理了相关的文献资料，在此一并致以诚挚的谢意！这些论文有一定的时间跨度，是特定的话语环境和时代主题的产物，不可避免地具有一定的思想和历史局限性，因此本书在梳理与提炼上所出现的不足，敬请大家批评指正！

目　　录

第一章

名校教育观察与实践

名校似华表，刻显着与时俱进的段段辉煌；名校如峰峦，标识着教育视野的时代新高；名校像灯塔，导引着千帆竞发的未来航向。名校之"名"虽主要见之于名校的办学理念、名师、名生和特色等方面，但其生成之"根"在于名校历史的凝重与底蕴的累积、思维的独特和个性的鲜明、保守和开放的生命张力以及善用古典的心态涵养学校精神。在当前中国现代化进程不断加速、教育转型不断加快之际，名校特别是基础教育段的名校现象是颇多争议的话题。名校本身是一个相对的、动态的概念。名校是优质教育资源，倡导名校有助于教育公平的实现。在长期的教育实践中积淀下深厚的文化底蕴具有独到的办学理念、显著的教育特色和鲜明的教学风格，能够持续培养出优秀的、卓越的且有影响的、有价值的学生，社会认可度高、声誉好并能通过不断的教育创新进而在教育改革和发展中发挥着重要作用的学校。本章立足于文献研究，对名校内涵加以辨析，借助四平市第二实验小学的实践对名校建设提出了相关策略与建议。如，校长层面上的理念更新、提高甄别能力、敢于授权、善于表扬等，制度层面上的完善与优化，团队和特色层面上的策略。

第一节　校长与名校建设

校长是学校发展的掌舵人、领航人，一所学校的发展在一定程度上会受校长的影响。作为校长，更多的是责任、担当、包容、学识和理念的体现。时代的发展与进步，人民对教育的需求日益渴望的今天，校长始终要站在时代的前沿，为促进教育事业向前发展开拓与进取[①]。电视剧《亮剑》剧中主人公李云龙在授衔仪式中曾经有段精彩的演说：任何一支部队都有自己的传统。传统是什么？传统是一种性格，是一种气质。这种传统和性格是由这支部队组建时首任军事首长的性格和气质决定的，他给这支部队注入了灵魂，从此，不管岁月流逝，人员更替，这支部队灵魂永在。其实，学校同部队一样，为她注入什么样的灵魂，她就有什么样的气质、什么样的品格和什么样的精神。所以，名校建设中校长的作用不可小视。

一、校长类型

不同管理类型的校长在学校治理管理中所呈现的作用是不同的。无论何种类型的校长，其第一角色都是教师，因此了解教师的类型是研究校长类型的前提。美国管理学家罗夫·怀特（Ralph K.White）和罗纳德·李皮特（Ronald Lipper）以管理行为方式为标准将教师分为四种类型，具体如表1-1-1所示：

[①] 周新华.论新时期中学校长的治校理念[J].教育教学论坛,2014(36)：12-13.

表1-1-1　教师的四种类型

校长类型	具体描述
民主型	教师和集体共同制订计划、作出决定，乐于指导帮助学生，鼓励集体活动并给予客观的评价。而这种氛围中的学生积极主动地学习，相互帮助，工作质量很高
强硬专断型	要求学生无条件地接受一切命令，对学生很少给予表扬，对学生时时严加监视。而学生对这类教师往往很厌恶，当面一套、背后一套，学习被动
仁慈专断型	这类教师表扬并关心学生，但他们表现得过于自信，以他们自己为班级一切工作的标准。大部分学生喜欢这类教师，但各方面都依赖教师，学生自身没有多大的创造性
放任自流型	这类教师没有明确的目标，很难作出决定，既不参加学生的活动，也不提供帮助或方法。他们领导下的学生道德差，学习也差，根本没有合作，谁也不知道该做什么

这四种教师类型可以涵盖当下一线教师的基本现状。虽然，这些类型仅限于日常的教学管理中，但是久而久之会在一线教师的思维中形成定势。而一旦其中的教师转换岗位，成为校级领导，就会在其管理的过程中呈现出之前普通教师的管理思维和模式。所以，了解上述的教师类型有利于剖析校长的类型。学术界对于校长的类型研究有很多，仅以"校长类型"为主题在中国知网检索就有30余条。通过对其研读，其中有两位学者的校长类型分类颇具特色，本书对其加以整理后呈现如表1-1-2、表1-1-3，供读者参考。

表1-1-2　中国校长的十种类型①

类　型	具体描述
黄牛型	此类型校长当初就是"劳模型"教师，"教而优则仕"，当上校长后依然起早贪黑。学校管理怎么抓，他心中没谱，只知道"上传下达"。不过他这个上传下达可是不折不扣的，谁要是打折扣，也不批评，而是亲自纠正。他经常在校园里转悠，一圈下来，手上拿着捡来的废纸。发现学生不听话，他会走进教室。他每年考评几乎都是满分，"先进""优秀"了一辈子，一天突然调离校长岗位成为督导，他还不明白到底是咋回事
官僚型	此类校长"朝中有人"，很气派；每天很少在学校，神龙见首不见尾。会议最后的发言照样是"四点"：一是"刚才大家的意见我原则上同意"；二是"我最近很忙，学校的事主要靠大家"；三是"有人跟我反映，个别领导工作有问题，今天我不点名"；四是"学校经费很紧张，大家注意节约"。某一天，他会突然无比沉痛与无奈地说："这次市教育先进工作者市局非要让我担当，我觉得很对不起大家。"
寨主型	主要靠权力和权术来管理学校，属于专制主义，在学校一般是一呼百应，谁不应，谁倒霉。他有一帮兄弟，官都不大，但权力很大；喜欢推行一些"新政"，但过几天就忘了。有人说他是"硬汉校长"，果敢、英明，但"果敢"与"硬汉"如果没有教育的素养和人的内核，容易成为"山大王"
婆妈型	崇尚细节管理，人未到嘴先到，请你去开个会，他会告诉你坐几点的车，然后坐几路到达会议地点。喜欢找教师谈话，把自己打扮得很"人文"，还喜欢听各科老师的课，并且免不了指导一番，俨然自己是个全才。有人迎合他的意见是他最大的幸福，并且这人就是下届学科带头人了；有人反对，他就会把人家八辈祖宗翻出来考证一番

① 王益民.中国校长的十种类型[N].中国教育报,2009-04-28(8).

续表

类　型	具体描述
专家型	这类校长分成两种：一种是土生土长的，把一所薄弱学校办成了"名校"，自己也就是"专家型"校长了。他们很刻苦，治校经历了很多痛苦；他们收集了很多治校的偏方，被专家、记者一包装，真的挺像那么回事，于是他们也满口"文化"起来。还有一种本身就是特级教师，做了管理工作后凭借扎实的教育学功底很快成为管理专家。他们改革教育内容和方法，试验全新的办学模式，积累各种经验，把学校办出了特点，办出了特色，最后办成了名校
教育家型	他们与"专家型"校长最大的区别是有一种悲天悯人的情怀、开阔的胸襟和坚持真理的勇气。他们遵循教育规律，克服教育的功利色彩，扬弃陈旧的教育思想，倔强而艰难地选择自己的方向，有着端正的教育目的和办学行为。他们也很痛苦，但矢志不渝，纵使戴着镣铐，也要悲壮地舞蹈。他们还有一批反对者，但在历史的天平上总是和真理等重
维持会长型	他本不愿意当这个校长，谁让他"德高望重"，没办法，当吧！怎么当，他从来没考虑过，反正有"两招"：主任们请示工作，他的通常回答是："你们看着办"；一出乱子，他赶紧"辞职"，理由是：你看看，我不适合吧。这样的学校没有计划，更无规划。他们有时会得到重用，只要哪所学校需要"维持"，教育局的调令就来了
CEO型	CEO即首席执行官，是一个企业中负责日常经营管理的最高管理人员，又称行政总裁或最高执行长。这样的校长满眼是新制度。他的任务就是不断修订学校制度，贯彻执行新制度，然后用电脑计算每一位员工的绩效，公示、发放。他们很爱学习，把日、美、欧先进企业的管理经验一股脑儿移植到学校管理中来，满嘴新词，恨不得学校就是生产流水线

类　型	具体描述
犬儒型	这些校长骨子里还有点学问和良知，当初也是热血青年，但由于长期身在官场，已经被严重犬儒化了，表现为学问日益退化，内心痛苦与日俱增。他们知道教育应该是怎么样的，也知道素质教育的重要，但不敢按自己的思路来办学，一怕受党纪处分，二怕丢了乌纱帽，三怕身败名裂。这类校长表里不一，人格分离。罗素说："当一个人的人格分裂的时候，没有什么比它更能减少幸福与效率的了。"但他们也没办法，因为"安全第一"
生产队长型	他一学期重点抓四件事：学校的铃声响不响、准不准；上面有会议我该穿什么衣服；每月的考核平均不平均；哪个教师家里有事需要他调停。当然，年终还要平衡平衡奖金。在评优大会上大家意见不一致时，他会语出惊人：抓阄得了。他从来不听课，年轻教师请他指导，不是没有时间，就是安抚：你教书，我放心

需要说明的是，有的校长属于"复合型校长"，兼具几种特征，而有的校长在不同时期具有不同的特征。

表1-1-3 职业校长的类型特点①

类 型	具体特点
菜鸟型	刚刚履新的校长，缺乏实际管理学校的经验，在实践中经过无数次碰壁、失败，乃至绝望，逐步积累起学校管理的经验、技巧和艺术，经历一轮凤凰涅槃、浴火重生，成为一名优秀的学校管理人才。所以，必须拥有过硬的业务能力和管理能力，才能担负起校长的重任。当然，作为"菜鸟"，其实也自有其优势。因为处于相对比较弱势的地位，反而会有一个相对有利的工作环境。从自身情况看，由于新手上路，会促使自己形成所谓的"菜鸟文化"：提醒自己时刻保持新手、学习者的心态，以低姿态向前辈学习，向身边人学习，不断自我反省，自我提升
圈养型	"圈养型校长"是指经组织部门选拔后，由高校理论工作者和实践中产生的名校长，对其从思想、理念、实务等各方面进行系统而规范的培训指导，让其进入校长岗位之前就有了如何管理学校的思想和理论基础。存在的问题表现在习惯按部就班，按照棋谱走定式，死守体制、缺乏个性等。一些校长奉上级指示和文件为"圣旨"，而不管学校实际情况，呆板地贯彻执行

① 张曦.校长的类型与评价[J].中国现代教育装备,2017(16):79-80.

类　型	具体特点
鸵鸟型	鸵鸟型校长是指那些有一定的学校管理经验，专注于学校内部管理，特别是教学管理的校长。他们视学校的分数和排名为"生命"，并终身为之努力。过于专注学校内部事务的后果是，忽视了学校整体发展的方向和思路。他们不愿学习新的理论、新的技术，沉浸在曾经引以为豪的成功经验上，却无视时代的变迁和教育对象的更新。鸵鸟型校长面对压力和问题时，大多会采取回避态度，明知问题即将发生也不去想对策，结果只会使问题更趋复杂、更难处理
孔雀型	孔雀型校长是指那些拥有众多头衔、荣誉加身、职称登顶，视社会身份重于校长和教师身份的一类校长。这类校长，在起步阶段是花过一番工夫的，也具有了一定的教育管理能力和教学业务水平。但是，正因为有了众多的名和利，反而成了他们华丽的负担。过多的社会活动，使他们对本校的实际情况反而愈加生疏，学校管理基本上是依靠副手们在进行，一旦碰上突发性重大事件，往往会束手无策，前功尽弃
鹰隼型	鹰隼型校长是指那些目光敏锐、思维超前、作风硬朗的一类校长。这类校长身上有着旺盛的工作热情，强烈的进取精神，勇于担当的责任意识，直击目标的办事效率。当然，鹰隼型校长也存在着出击时往往会孤注一掷，不计后果，过于看重效率与结果而忽视他人的感受等问题

一般认为，无论处于何种类型的校长都可以做得很出色，菜鸟型的校长也可以做得很出色，鹰隼型校长也可能摔得很狼狈，根源来自校长自身。

二、治校理念

名校建设不是一件容易之事，其历程具有复杂和多变性。拥有有别于其他学校的治校理念是构建名校的重要前提。治校理念是校长管理和发展学校的基本思想和观念，是学校运行规程和规范形成的基础。同一所学校在不同的历史时期，办学所取得的成果往往不同；背景、条件基本相同的两所学校，在办学效益上可能存在着较大的差异，深究其原因，很重要的一条是校长的观念不同，治校理念有别①。一名校长能否带领全校教师建设好学校，其是否拥有科学的、先进的治校理念是至关重要的。从"经验治校"到"理念治校"，已经成为众多学校校长共识，最有效的管理理念是不断创新，最理想的管理境界是"人人有事做，事事有人做；人人能做事，事事能做好"。在名校建设实践中出现了许多有特色的治校理念，本书试着对其中的"以法治校""以德治校""以情治校""三零治校""三本治校"和"三费治校"等理念加以论述。

（一）以法治校理念

"依法治国"是党中央确立的治国理政基本方式。教育领域中的"依法治教"是落实依法治国基本方略的重要途径。学校治理的民主化、法治化、现代化是依法治校的基本目标，依法治理学校应该成为教育管理者必须持有的理念追求与行动自觉②。

改革开放以来，随着我国社会主义市场经济的迅速发展和社会全面进步，特别是加入世界贸易组织以后，我国社会主义民主与

---

① 谷玉端.关于校长治校理念的思考[J].人民教育,2001(7):30-31.
② 万华.中小学依法治校的误区及其消解策略[J].中国教育学刊,2016(8):10-15,50.

法制建设出现了全新的局面。实行依法治教，把教育管理和办学活动纳入法治轨道，是深化教育改革、推动教育发展的重要内容，也是完成新时期教育工作历史使命的重要保障。依法治校涉及学校工作的各个方面，是一项系统工程，是教育改革与发展的一项重要任务，需要进行长期的实践和探索。依法治校理念的有效贯彻，工作切实采取有力措施，转变行政管理职能，切实做到依法行政；加强制度建设，依法加强管理；推进民主建设，完善民主监督；加强法制教育，提高法律素质；严格教师管理，维护教师权益；完善学校保护机制，依法保护学生权益。

在依法治校管理理念的践行中也出现了一定的误区和问题。诸如，将"依法治校"狭隘地理解为"以法治校"，将依法治校错误地理解为依法管治师生，将"学校章程"视为可有可无的摆设，片面强调师生义务而忽视师生权益保护①。发生上述的误区反映了当前我国中小学依法治校理念与能力比较薄弱，当然其导致的原因是多方面的，有教育法制自身不完善的原因，有教育行政执法与教育管理不到位以及相关主体法律素养不高等方面的原因。虽然，依法治校理念提出的时间已经不短，但是真正加以贯彻还有很长的路要走。

（二）以德治校理念

以德治校是教育内涵发展的内在要求，是保障教育健康发展的深厚动力。以德治校，需要从学校文化建设、发挥校长示范引领作用、加强师德建设、加强学校德育等方面入手，化有形管理为无形管理，化规定为自觉，为学校发展注入强劲持久的内在驱动

---

① 万华.中小学依法治校的误区及其消解策略[J].中国教育学刊,2016（8）:10-15,50.

力①。以德治校理念要求在学校的管理过程中坚持把德育放在第一位，要把德育渗透到教育教学的各个环节中，要关注学生的全面发展、和谐发展、持续发展、终身发展和健康成长，要培养学生良好的心理品质和品格。在实现以德治校理念的路径上加强师德建设是其中非常重要的一项内容。具体而言，通过师德建设贯彻以德治校理念要强化教师的以德修身、以德育人和以德服人。育人者必先自育，师德需要教育培养，更需要老师自我修养。好老师应该是以德施教、以德立身的楷模，应该不断提高道德修养，提升人格品质，把正确的道德观传授给学生。教师要把遵守师德同遵守其他领域的道德结合起来，同遵纪守法结合起来，不仅在学校里有师德，而且在社会生活领域成为遵守社会公德、家庭美德的模范。

（三）以情治校理念

法国启蒙思想家狄德罗说："没有情感这种品质，任何说教也无法打动人心。"情感管理的内涵就是能理解人，尊重人，关心人，吸引人；情感管理的途径就是行为感动，心理感化，具情感染，务实感奋；情感管理的积极作用就是树立威信，有知足感，乐于奉献；情感管理应注意的问题：好人主义问题，管理失度问题，潜伏矛盾问题。

管人先管心，作为校长不仅要有先进的教育理念，更要讲究高超的领导艺术。如果能把学校所有的力量都调动起来，尤其能把学校中层干部的管理能力提升起来，那么办好一所学校就指日可待了②。学校是育人的场所，是校长带领全体教师和学生一起实现梦想的精神家园。这个梦想，是教师的事业梦，是学生的成长

---

① 王德华.论"依法治校"与"以德治校"[J].中小学校长,2015(1):31-33.
② 李碧慧.以情治校其乐融融[J].新教育,2016(5):22-23.

梦，也是校长本人的治校梦、教育梦，凝聚着全体师生、广大家长乃至全社会的期许和寄托[1]。人的某些情感可以转化为重要行为动机，因此有学者认为情感是人们行为变化的"晴雨表"和"推动器"。要放下架子，做到平易近人，不要盛气凌人；要尊贤容众，做到平等待人，不要歧视后进；要知人善任，做到唯才是用，不要压制贤能；要学会批评，做到以理服人，不要求全责备；要关心教师，做到关心体贴，不要唯我无他；要身体力行，做到榜样示范，不要指手画脚；要作风民主，做到公道正派，不要自行其是[2]。

（四）三零治校理念

陈穆在《校长治校应追求三"零"理念》一文中提出，名校建设应该追求三个零，即教育应追求"零"缺陷、师生情感应追求"零"距离和财务管理应追求"零"债务。参见图1-1-1。

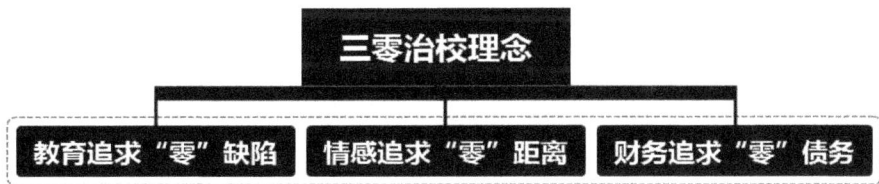

图1-1-1 三零治校理念

陈穆提出的教育零缺陷治校理念，其理论源于企业管理的"泊松理论"，该理论认为在生产过程中，如果允许有一定的有缺陷的产品存在的话，那么后果是难以想象的。以瑞典为例：瑞典人口仅有380多万，如果允许0.1%的工作存在缺陷，那么每月就会有1小时的水不能饮用；医院每年就会开错60万张处方；邮政局每天

---

① 汪长明. 撷谈校长以情治校[J]. 基础教育研究, 2013(19):62.

② 熊建明. 中小学校长的情感管理[J]. 中小学校长, 2014(1):59-60.

就会丢失2万多封信……如果我们将教育事业当成企业，将学生当成产品，允许对全国以亿来计算的中小学生的教育存在0.1%的缺陷，那么我们将"生产"出多少不合格"产品"？苏霍姆林斯基说："其实在每一个孩子心灵最隐蔽处的一角，都有一根独特的琴弦，拨动它就会发出特有的音响，要想使孩子的心同我讲的话发生共鸣，那么我必须同孩子的心弦对准音调。"因此，教育应追求"零"缺陷。

另外，在学校的管理过程中校长主要负责宏观管理，对重大问题进行决策。在普通师生心目中校长是一个"做大事"的人，应该高高在上，校长也有一种"高处不胜寒"的感觉。但是，高高在上拉开了校长与师生的心理距离，容易因缺乏第一手材料而在重大问题决策时出现偏差。所以，在学校管理上校长的管理重心要下移，要走进师生的学习与生活中，努力做到与他们的"零"距离接触。

债务缠身会严重影响学校日常工作的运转，拖欠教师工资，取消应有的福利待遇，从而严重地挫伤了教师工作的积极性，教师不断外出应聘。究其原因，是决策者对学校发展前景过分乐观，对学校的硬件建设盲目投入的结果。结果，沉重的债务变成了束缚学校发展的瓶颈。因此，作为一校之主，校长在财务管理上要三思而行、量力而行，最好追求"零"债务[①]。

（五）三本治校理念

黑龙江省安达市高级中学刘宪生老校长有一影响一时的治校理念，即"以学为本、以人为本、以校为本"的三本治校理念，具体如图1-1-2所示：

---

① 陈穆.校长治校应追求三"零"理念[J].中小学管理,2003(6):20.

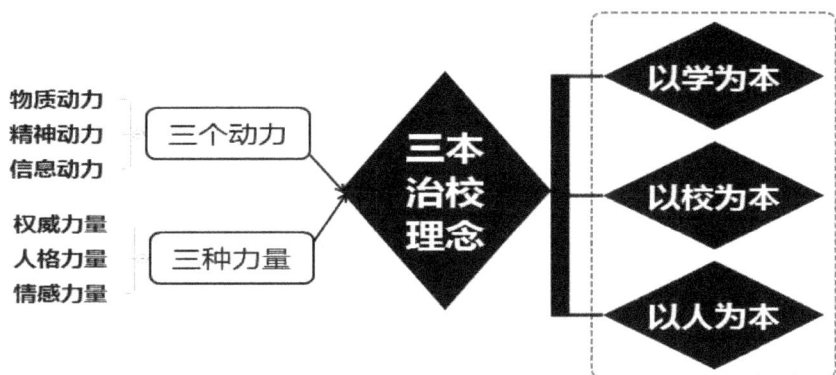

图1-1-2　三本治校理念

　　刘宪生校长认为，坚持以学为本，才能使领导班子成员和全体教师不断提高理论水平，及时捕捉教改前沿信息，使工作不断创新；坚持以人为本，才能牵住学校管理的牛鼻子；坚持以校为本，才能在全面贯彻教育方针的基础上，改革千校一面的弊端。他倡导调动教师积极性的"三个动力：物质动力、精神动力、信息动力"，注意调动领导艺术的"三种力量：权威力量、人格力量、情感力量"，为"三本"理念的落实提供了保证。他认为，一个学校的现状，是这个学校所在的地域长期文化积淀的结果，也是这个学校历任校长文化积淀的结果，归根结底，是包括全校师生员工在内的这个大集体创造了学校的历史与辉煌。因此，学校工作有继承，更要有发展；而继承不应只是照搬，发展也不是对前期工作的否定。

　　（六）三费治校理念

　　天津市宝坻区第四中学陈国旺校长被师生称为三费校长，"三费"成为其治校的基本理念。什么是"三费"呢？天津教育杂志社编辑韩大勇解释为：费鞋子，费本子，费椅子。陈校长对于师生给自己的这个"称号"很受用，感觉很贴切。陈校长在校的基本活动内容就是校园里不停地转来转去，教学楼里的上下听课和不停地在本子上记东西。陈校长认为一位好的校长，能带出一所好的学校，而作为校长必须要正派、明白和务实。所谓正派就是以身作则；明白，就是不糊涂；务实，就是工作着眼于实际，把工作落到实处。"三费"内核主要是三驾马车管理模式，采取三个年级分别独立运转，每个年级都由一名专职副校长和两名主任组成管理团队。这种模式的实施有效地化解了传统坐在办公室静态管理的许多弊端。不仅如此，三费治校理念在教师整体教学水平提高上还体现在"三个必须、四个一致和四个不准"。三个必须，是要求教师在教学导入设计上要做到必须精炼，能激发学生兴趣；课堂上必须要留足15分钟时间给学生思考；必须使用多媒体等可以提升课堂实效和容量的教学手段。四个一致就是要求教学设计一致，教学内容一致，教学过程一致和教学媒体使用一致。四个不准就是不经过集体备课不准上课，不能突出学生主体地位不能上课，不能建立起学科知识要点间联系不能上课，不听老教师讲课的不能上课[①]。

上述六种治校理念仅仅是众多治理理念的代表，通过对其解读让我们更加深刻地认识到：一名校长能否治理好一所学校与其自身所存储的治理理念有着必然的联系。

肖三杏在《校长的引领力》一书中对校长提出了"八戒"的建议，本书认为值得借鉴，具体如下：

一戒：只忙收割，不忙播种——要加强长远管理；

二戒：只忙种树，不忙育人——要加强全局管理；

① 陈国旺，韩大勇."三费"校长的治校理念——天津市宝坻区第四中学校长陈国旺访谈录[J].天津教育，2008(11):16-18.

三戒：只忙手脚，不忙心脑——要加强智力管理；

四戒：只忙指挥，不忙情报——要加强信息管理；

五戒：只忙驱车，不忙加油——要加强机制管理；

六戒：只忙有形，不忙无形——要加强文化管理；

七戒：只忙照明，不忙充电——要加强学习管理；

八戒：只忙别人，不忙自己——要加强自我管理。

对于校长而言，提出自己的治校理念固然重要，然而更重要的是如何将理念坚持下去，并在这种坚持中发展创新，让学校工作井然有序，真正做到科学化、效率化。

三、管理策略

每一名校长在治校管理工作中都会有自己的管理策略，而这些策略也会因不同的管理对象而发生功能性的改变。本书在众多的管理策略中选出了肯放权、能甄别、善肯定、会表扬、巧建议、抓常规等六个方面加以论述。

（一）肯放权

学校的大小事务都由校长说了算吗[①]

李校长今年35岁，当过班主任、年级组长，还做过三年的教导主任。半年前他被任命为A校校长。李校长是一个很有特点的年轻校长，平时对自己要求严格，能够以身作则。他有强烈的事业心和积极向上的进取精神，一心一意想把学校搞好。他精力充沛，能力强，做教师时，是地区有名的品牌教师，在教育教学上有自己的一套。上任以来，他保持了自己一贯的工作作风，兢兢业业，雷厉风行，真抓实干，希望经过自己的努力，使学校在短

[①] http://blog.sina.com.cn/s/blog_eb9d68300101ry4h.html.

时间内有较大的变化。

一次，李校长检查教师备课笔记时，发现有些教师写得比较简略，反映不出课堂教学的安排和各教学环节的有机联系。他马上找到有关教师，指出问题，提出改进意见。并召开教学工作会议，明确提出备课的统一要求和备课笔记的写法。教师们没有说什么，因为李校长虽然只有35岁，但已经是高级教师，还当过市级先进，教学是内行。可是这一决定让主管教学的副校长很尴尬，因为他曾经在一次教研组长会议上讲过，对不同教师的备课笔记可以有不同的要求：青年教师尽可能写得详细一些，老教师可以写得简略一些。他要求教师把主要精力放在钻研教材教法、努力提高课堂教学质量上。因此，有的教师备课笔记写得比较简略。

还有一次，李校长到市里开了三天会，回校后看到总务主任正在指挥工人建自行车棚（这件事是由校务会议决定的）。李校长认为地点选择不好，应放在操场边的围墙附近。总务主任却认为，放在操场围墙边离办公楼太远，不利于教师上下班存取自行车。可是李校长还是坚持让总务主任把自行车棚地址改了。总务主任很不高兴，认为这纯属自己的管辖范围，校长不应该过分干涉。

期中考试前，几位教师向李校长反映，学校活动安排太多，牵扯了学生和教师过多精力，影响了教学。李校长认为反映得有道理，就建议政教处把一些活动推迟到期中考试以后。政教主任说："工作计划是开学时制订的，再说教育教学同样重要。"李校长便说："先把活动往后推，具体如何安排我们开会商量。"政教主任只好按校长的意思办。

一学期下来，学校领导班子其他几位成员的工作主动性明显下降，该自己做主的事也不再做主了，什么问题都来请示校长。教职工们看到其他领导都不管事，有什么问题就直接找到校长反映解决。结果弄得李校长手忙脚乱，焦头烂额。李校长也感到什么地方出了问题，陷入了沉思……

评析：案例中的李校长有很多优点：对自己要求严格，能够以身作则；有强烈的事业心和积极向上的进取精神，一心一意想把学校搞好；精力充沛，能力强；兢兢业业，雷厉风行，真抓实干。应该说，李校长是一位懂教育、敬业的校长。但是其管理知识和能力严重不足，造成管理失误。

管理者们常常会面对一些问题，有些是自己发现的，有些是下级提交的，有些是上级交办的。但面对问题是一回事，要不要你自己来决策并处理又是另一回事。正确的人作错误的决策会导致决策失效，错误的人作正确的决策，同样会降低决策的效果，甚至也会导致决策失败。这里涉及的是决策权限，即该由谁作出决策的问题。

任何一个组织都会对权限进行划分，不同层次、不同部门的管理者有不同的权力范围。这就决定了不同管理者的不同决策范围和处理问题的权限。对本不该自己负责的问题作决策，超越自己的权限作决策，会破坏组织的运行秩序，影响甚至伤害他人的情绪；而对本该自己负责的问题，不去行使权力进行决策或采取推脱的战术，属于放弃责任，同样会给组织带来危害。如果把决策过程区分为方案设计和拍板定案两个环节，那么最能够体现决策权的是拍板定案环节。作为组织一定层面负责人的管理者，遇到问题不能坐视不理，但一定要清楚自己在各种决策中的地位。该自己决策的一定要拿主意，不该自己决策的，可以提建议，通常不要随便替别人拍板。

按照决策权分散的程度，我们可以把决策分为个人决策、参与决策、委员会集体决策和民主决策。从决策的过程来看，个人决策是集方案设计和拍板于某人一身。任何组织都会对工作和责任进行分配，并落实到具体人员。

所以日常工作中遇到的问题，大多属于个人决策的范围。与参与决策、委员会集体决策和民主决策相比，个人决策应答问题的速度更快，时间上也更节省。参与决策只在方案设计环节实施分权。各级各类组织会作出规定，某些问题的决策需要事先征求群众的意见和建议，然后根据这些意见和建议，由某个人或某几个人拍板定案。参与的目的是尊重群众的参与权。参与能够提高群众对决策的接受程度和承诺水平，有利于决策的实施。

组织中有些问题的决策权是属于委员会的，而不是属于哪一个人的。在对这类问题进行决策时，通常要采取讨论、协商的方式。委员会中每个人的决策权都是平等的，尊重每个人的权力是确保决策有效的重要因素。要尽量通过协商达成共识，如果不能达成一致意见，应该尊重多数人的意见。当然，与个人决策相比，委员会集体决策有利于提高决策的质量，使选出的方案更合理。

比委员会制度更广泛分布权力的决策是民主决策。在这类决策中，每人每组织成员享有平等的决策权。各级各类组织都会作出规定，某些问题的决策，需要通过民主的方式进行，如职工福利、医疗保险等。这些问题通常与每个组织成员的切身利益直接相关，群众普遍接受对决策的效果影响极大，所以尊重每个组织成员的民主权利尤为重要。在对这些问题进行决策时，要广泛征求群众意见，追求普遍满意。必要时进行民主投票，按少数服从多数的原则进行决策。

对于学校的很多事务，校长拥有最终裁决权。但是从管理学的责权对等原则出发，权力在谁的手里，责任和义务就在谁的手里。由于一个人的精力、知识、能力有限，所以校长必然会把大量的责任和事情交给下属去承担和办理，因此把相应的权力也交给下属。为了不打乱下属的工作节奏和部署，上级不要轻易替下属作决定或者改变下属的决定。这并不是说决策的权限神圣不可侵犯，组织中的每个人、每个部门都独守一隅，互不往来。

这样看来，李校长的错误在于没有严格按照学校的分工来行使权力，结果下属无所适从，不得不事事请示，使得他疲于应付。要改变这种状况，李校长必须控制自己越权的冲动，鼓励和支持下属在自己的权限内作出决策。

1985年5月27日《中共中央关于教育体制改革的决定》颁布，从此我国的中小学实行校长负责制。具体的内容是校长负责处理学校的日常教学科研活动，完善学校的管理，校长全权代表学校并负责赋予校长决策权、指挥权、人事权和财务权，同时健全学校领导机构核心机制。可以看出，一名校长在学校管理中其权利具有权威性。在学校建设的具体实践中，有时往往因为校长权利的过度集中而对其建设发展的灵活性、实效性造成了阻碍。因此，在治校理念中敢于权利下放（领导授权）也是一个重要的理念。

Konczak，Stelly & Trusty（2000）根据领导授权理论，总结出了领导授权行为包括了权利下派、对工作绩效负责、给予一定决策权、信息共享、培养能力、创新能力培养等六个方面（如图1-1-3所示）。

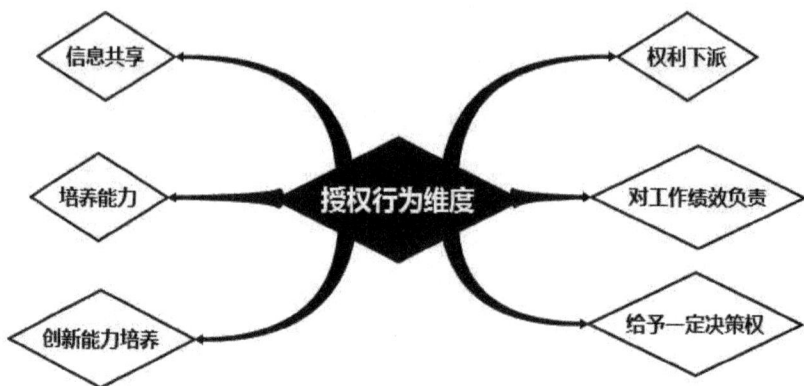

图1-1-3 领导授权行为的六个维度

权利下派实际上就是领导把一部分权移交给部下。如认为体育教研组是学校体育工作最为核心的部门之一，而组长的重要性毋庸置疑。因此，在实际工作中对体育教研组组长的行政权利给以倾斜。例如，提高教研组长对组员考核评价中的权重。再如，在评优、评选活动中增加组长话语权。当然，除上述之外，我们还在很多方面进行权利的下放。权利上给以授权之后，要运用工作考核来形成内部激励。工作考核能够让部下充分感受到工作价值、工作能力、权力的使用程度、自己的影响力等方方面面的东西。

校长和管理者要放下心理障碍，舍得授权，给员工锻炼的机会，让员工学会成长。不要任何事情都亲力亲为，否则校长只会越来越累，没有精力，从而出现上述问题。管理者在布置完任务以后，无论大小事情，既然布置了，就要信任老师们能够做得很好，就算完成得很不如意，在这之后提出合理的建议也不迟。不要在老师执行的过程中忍不住指点，这样会让老师很难过，觉得自己做什么也做不好。

如何真正授权？把表现的机会、把任务交给老师的同时，管理者要在整个过程中起监督作用。布置任务时告诉老师：学校会全力支持你；有什么困难吗，有的话现在可以告诉我；不要有太大压力，你很优秀，我相信你可以的。布置完任务后在会议上或者全体老师面前一定要告诉其他老师：这个任务我布置了给某某老师，由他（或她）全权负责，请大家听从这位老师的安排，有什么疑问不要来找我，请找他（或她），如果解决不了，他（或她）自然会来找我，希望每位老师全力配合，一起帮助某某老师。说这些话目的是什么呢？第一：被授权的老师，心理上得到了充分的尊重与信任，做事情时会自信很多，也会很积极；第二：其他的老师知道后会全力配合。

授权时的有些注意事项还是要明确的：第一，分配任务时一定责任到人。把任务责任到人，无论哪一块出现了问题都可以很快地找到负责的老师及时解决，避免推卸或者逃避责任的现象。第二，任务要量化，要有期限。管理者布置的任务一定要做具体的要求。在布置任务时一定要讲清楚什么时候（精确到几月几日几点）以前，以什么样的形式（完成情况）上交到具体的地点（具体的人）。

授权不仅仅是把权利进行了下派，同时还伴随着责任的下移。权利所附带的责任也将下交给了个人或者团体。个人或者团体在得到权利的同时，也将接受上级的评估，也将对工作绩效负责。例如，学校课余训练组织与管理下放到体育教研组之后。作为主管校级领导所负责的就是定期听取负责人的工作汇报以及帮助解决工作中出现的问题。一般认为，在工作绩效负责过程中发挥好团队力量是非常必要，也是提高教研组战斗力的重要途径与手段。

给予一定决策权是指领导给部下一定的独立处理问题的权力。给予决策权的大小是授权行为中很重要的一个因素，也是领导授权重要内容之一。给予一定的决策权包括了工作计划、工作目标和工作实施。给以一定决策权主要是指部下在工作推行过程中遇到问题并独立解决问题的方法。在所有的研究中，领导给一定的决策权也专指部下独立解决问题的权力。就学校体育工作开展而言，其每一次活动都会涉及很多学生及相关部门。如何给以体育教研组开展活动的决策权，这对于主管领导是一种能力的考验。例如，学校大课间体育活动内容的选择与组织形式的设计。作为主管领导充分尊重体育教研组的决策，充分相信这个团队有能力选择与设计好。有的学校在大课间活动开展上结合学校实际情况以及学生兴趣调查结果，在内容上选择跑操为主、做操为辅，在跑操的形式上采用环校园跑和运动场O型跑等多种形式。从实践的结果来看，学生大课间出操态度、兴趣都有了较大的提高。

授权不是领导对部下的行为不闻不问，而是要求部下及时共享相关信息，使领导能够及时掌握一定的信息。例如，为了能够第一时间了解到校各训练队的动态，笔者组建了田径队QQ群与微信群、排球队QQ群与微信群、乒乓球队QQ群与微信群、体育组教师微信群等。除了这种形式之外，还建立了定期的交流制度，如每月的组长交流和每季度的全员交流。通过实践，上述的信息共享得到了有效的实现，提高了领导与下属间的合作力与战斗力。

管理者的作用不单单是对部下的工作进行指挥和监管，还包括帮助部下逐渐成长。领导要把大部分时间用在部下领导能力的培养上，使部下能够很好地接受授权。实际上，培养能力也就是为授权作准备。基于这些理论与观点，笔者在实际工作中突出对教研组长能力的培养与提高。通过各种平台的搭建，树立教研组长在学校体育工作中的权威性和领导力。例如，一些活动开展完全交给组长进行策划、人员与任务的分配。典型的案例就是每一年的学校运动会完全由教研组长一人掌控。

创新能力培养是专指领导要培养部下的冒险意识、勇于尝试能力、在错误和挫折中学习的能力，领导要多为部下提供多种工作的机会，以培养部下勇于开拓和创新的能力。例如，在大课间活动开展上鼓励体育教师自主创新。

对于领导管理来说，授权理论告诉领导者在安排工作任务时要给予下属充分的授权，鼓励下属自主决策，并对自己的决策负责，同时在授权的过程中也要注意与下属的沟通，了解下属在完成任务中遇到的困难和挑战，及时给予指导和建议，帮助下属开发新的技能，培养下属的创新能力和敢于尝试的精神。

（二）能甄别

一天，一个盲人带着他的导盲犬过街时，一辆大卡车失去控制，直冲过来，盲人当场被撞死，他的导盲犬为了守卫主人，也一起惨死在车轮底下。

主人和狗一起到了天堂门前。

一个天使拦住他俩，为难地说："对不起，现在天堂只剩下一个名额，你们两个中必须有一个去地狱。"

主人一听，连忙问："我的狗又不知道什么是天堂，什么是地狱，能不能让我来决定谁去天堂呢？"

天使鄙视地看了这个主人一样，皱起了眉头，想了想，说："很抱歉，先生，每一个灵魂都是平等的，你们要通过比赛决定由谁上天堂。"

主人失望地问："哦，什么比赛呢？"

天使说："这个比赛很简单，就是赛跑，从这里跑到天堂的大门，谁先到达目的地，谁就可以上天堂。不过，你也别担心，因为你已经死了，所以不再是瞎子，而且灵魂的速度跟肉体无关，越单纯善良的人速度越快。"

主人想了想，同意了。

天使让主人和狗准备好，就宣布赛跑开始。她满心以为主人为了进天堂，会拼命往前奔，谁知道主人一点也不忙，慢吞吞地往前走着。更令天使吃惊的是，那条导盲犬也没有奔跑，它配合着主人的步调在旁边慢慢跟着，一步都不肯离开主人。天使恍然大悟：原来，多年来这条导盲犬已经养成了习惯，永远跟着主人行动，在主人的前方守护着他。可恶的主人，正是利用了这一点，才胸有成竹，稳操胜券，他只要在天堂门口叫他的狗停下就可以了。

天使看着这条忠心耿耿的狗，心里很难过，她大声对狗说："你已经为主人献出了生命，现在，你这个主人不再是瞎子，你也不用领着他走路了，你快跑进天堂吧！"

可是，无论是主人还是他的狗，都像是没有听到天使的话一样，仍然慢吞吞地往前走，好像在街上散步似的。

果然，离终点还有几步的时候，主人发出一声口令，狗听话地坐下了，天使用鄙视的眼神看着主人。

这时，主人笑了，他扭过头对天使说："我终于把我的狗送到天堂了，我最担心的就是它根本不想上天堂，只想跟我在一起……所以我才想帮它决定，请你照顾好它。"

天使愣住了。

主人留恋地看着自己的狗，又说："能够用比赛的方式决定真是太好了，只要我再让它往前走几步，它就可以上天堂了。不过它陪伴了我那么多年，这是我第一次可以用自己的眼睛看着它，所以我忍不住想要慢慢地走，多看它一会儿。如果可以的话，我真希望永远看着它走下去。不过天堂到了，那才是它该去的地方，请你照顾好它。"

说完这些话，主人向狗发出了前进的命令，就在狗到达终点的一刹那，主人像一片羽毛似的落向了地狱的方向。他的狗看见了，急忙掉转头，追着主人狂奔。满心懊悔的天使张开翅膀追过去，想要抓住导盲犬，不过那是世界上最纯洁善良的灵魂，速度远比天堂所有的天使都快。

所以导盲犬又跟主人在一起了，即使是在地狱，导盲犬也永远守护着它的主人。

天使久久地站在那里，喃喃说道："我一开始就错了，这两个灵魂是一体的，他们不能分开……"

这个故事告诉我们：这个世界上，真相只有一个，可是在不同人眼中，会看出不同的是非曲直。这是为什么呢？其实，道理很简单，因为每个人看待事物，都不可能站在绝对客观公正的立场上，而是或多或少地戴上有色眼镜，用自己的经验、好恶和道德标准来进行评判，结果就是——我们看到了假象。

作为一校之长，要提高自己的甄别能力，对于教师身上发生的事不要盲目地下结论。也许，就是因校长的几句话会扼杀一名教师奋进的动力。

（三）善肯定

一对年轻的夫妇对面搬来一户新邻居。第二天早上，当他们吃早饭的时候，年轻的妻子看到了新搬来的邻居正在外面洗衣服。妻子对丈夫说道："那些衣服洗得不干净，也许那个邻居不知道如何清洗。也许她需要好一点的洗衣粉。"丈夫看了看妻子，沉默不语。就这样每次邻居洗衣服，妻子都会这样评论对方一番。大概一个月后，年轻的妻子惊奇地发现，邻居的晾衣绳上居然悬挂着一件干净的衣服，她大叫着对丈夫说："快看！她学会洗衣服了。我想知道是谁教会她这个的呢？"她的丈夫回答："我今天早上一大早起来，然后我把玻璃擦干净了。"

在我们作出判断之前，首先要看一下你的"窗户"是否干净。我们所看到的东西取决于眼前窗户的纯净度。在我们作出任何评判之前，我们应该检查自己是否客观，是否能看到对方好的一面，而不仅仅是找出问题审判对方。所以请务必擦净你的"窗户"。

每位老师都有自己的优点，要在日常的教学、会议和生活中，用心发现老师的优点。对我们管理者来说会起到很大的帮助的，就像《西游记》中，三个徒弟各有所长，各有所短，互补互助，最后也能达到团队的最终目标。

（四）会表扬

《人性的弱点》一书中说到人类本质里最大的驱动力就是"希望具有重要性"，而赞美和表扬是促使人将自身能力发展到极限的最好办法。校长表扬教师有哪些形式？本书在参考相关文献基础上梳理如下：

1.当面表扬

当发现老师有做得好的地方，直接就说，就像我们赞美自己的学生那样。例如，校长可以说：

感谢你，辛苦了！

你这个点子不错，有创意。

你最近做事情的效率好高，并且完成得都很细致。

唉，这个好主意，你想得很周到。

很感谢你那么配合工作。

哇，你执行力好高，那么快就完成了。

你这个方法很好，我得向你学习。

我觉得你这个事你处理得太到位了，很多细节我都忽略了。

你最近思想觉悟又提升了，做起事来就是不一样。

今天听到家长在前台夸学生很喜欢你，看样子你的魅力相当不错哦！

今天经过走廊，听到你在上课，充满激情，学生都很配合，很好哦！

表扬除了直接表扬，还有就是短信和微信的表扬。有的时候突然见到老师就来一句表扬老师们的话，可能会让人觉得不是那么真诚，这个时候一条短信，一个微信，这种文字形式的表达就会合适，更能够让对方觉得我心中对于她是很满意，很在乎的。

2.公共表扬

公共表扬的场合可以在会议上，也可以在很多老师聚在一起的场所，还可以是微信群中表扬。

3.背后表扬

所谓背后表扬，是相对于当面表扬而提出的。发现哪位老师做得好，在和上层反馈工作时或者在平时与其他人的聊天过程中进行表扬。然后听到的人会在合适的时候把表扬的话说给这位老师听，会给老师带来相当大的鼓舞。

（五）巧建议

1.私下建议

不是原则性错误，一般情况下，我们不会去责怪老师，最多提醒一下，如果是第二次，可以私下找老师沟通。因为没有人喜欢被当众批评。另外，不要对老师说：我觉得你这里可以那样改，我觉得那里可以这样改。而是说：我听某某老师的课的时候，她的课堂是怎样怎样，我建议你可以向她学习如何如何改进。这样一来，老师是比较容易接受建议并进行改善的。

2.巧妙建议

我们在表扬学生时经常会先说好的再说不足，如果我们也这样对老师说的话会适得其反。对于老师，我们发现问题时，比较适合这样说：你前面这些做得都很到位，这些又给我带来了一些新的灵感，不知道可行不可行？这时候，老师一定会很关心地顺着往下说：什么灵感？这时候你就可以很顺利地将自己的建议提出来了，老师也会欣然地接受。

3.及时建议

如果我们在老师执行任务的过程中，发现存在的问题比较严重时，一定要及时地提建议，以免影响老师和学校的名誉。遇到家长因为种种原因对老师不满意的时候，一定要及时给老师建议，及时处理，如果不解决的话，老师的心情也会糟糕透顶，家长也会心里一直认为学校老师做不好从而对学校不满意。在私下合理建议的同时，及时性是相当重要的。

（六）抓常规

世上没有包治百病的妙方，也没有万事皆准的高招。教育教学质量的提高没有秘密武器，只有常规武器。教学常规工作是教师每天都做的工作，平凡普通，甚至枯燥乏味，然而学生的成长、教师的发展正是寓于这平凡而普通之事。抓常规就是抓根本，抓常规就是抓队伍，抓常规就是抓质量，抓常规就是抓绩效。一个不注重常规管理的校长一定不会成为一个好校长[1]。

---

① 肖三杏.校长的引领力[M].北京:国家行政学院出版社,2013:102.

四平市第二实验小学教师基本功训练常抓不懈

《四平日报》记者　王　惠

新学期伊始，市第二实验小学教师宋晓莉和同事们一样，再一次将粉笔字、钢笔字训练列入自己工作计划中，在完成常规的教学工作之余，全体教师已经习惯了认真完成在该项训练中的"作业"。

打铁还需自身硬。这是多年来第二实验小学开展教师基本功训练的一个最简单理由。该校为此制定严格的工作计划，每个学期在保证正常教学秩序的基础上，组织教师利用每周一上午课间时间练习粉笔字。为了让活动开展得具有实效，真正让教师练就过硬的本领，学校经过不断摸索，将最初分组在小黑板上练字的方式转变为以南、北教学楼为集体在大练功板上练功。每周有计划地练习励志名言、经典语录、诗词佳句等内容。练字内功夫的同时，追求字外学问。在教师钢笔字练习方式上则是给教师"留作业"。以小学1—6年级的生字、古诗为主，要求教师在保证正常备课、上课、批改的同时挤时间练字，固定每周一交作业，促进教师养成自觉习惯。

以赛促练，形成氛围。学校还定期开展全校教师基本功竞赛，在教师中掀起基本功训练热潮，通过比赛涌现出许多单项和综合技能的优秀教师。周馨、孔凡宇、王鹤、苗雨等先后在全国教师基本功大赛中获得过奖项，学校也被中国教育学会书法教育委员会评为书法教育先进实验学校、东三省写字教育先进单位、吉林省小学教师基本功训练优秀学校。

（http://www.0434.me/article/article_35981.html）

综上所述，从校长角色定位出发，其在名校建设中的作用必须引起重视。让自己发展成为何种类型的校长，拥有何种治校理念，掌握哪些管理策略，都将是在校长岗位上或将走上校长岗位的教师必须认真思考的内容。

第二节　制度与名校建设

名校发展是多样化因素综合作用的过程，是不断适应环境变化与提升核心能力的过程。制度是名校建设重要的手段之一，通过制度建设与完善有利于名校建设过程中激励机制的构建。实践证明，制度体系的合理构建可以有效地将教职工个体目标与学校目标统一起来；可以帮助学校吸引和留住人才，保持教职工队伍的稳定；可以不断增强学校的凝聚力，使得学校内部各部门的各项工作更加协调统一；可以充分激发个体潜能，使教职工的积极性和创造性得到有效调动；可以有效提高全校教师的个体素质，整体上进行一次飞跃。

一、学校制度意义

学校制度是学校整体变革的决定性力量，是引领学校发展的行动纲领。学校制度作为学校显性的规范和准则，体现出的是体制、规章、规范、模式及其操作程序，是刚性的、程序性的和可控的层面，也是可以通过调整而不断更新和改造的。学校制度的本质是对学校成员实际发挥约束作用的正式和非正式制度的总和，是学校运行的内在机制。它的功能包括导向、约束、激励、教育、整合等①。学校制度往往体现为一种强制性力量，迫使人们的行为与现存学校制度所要求的思想、行为模式保持一致。学校制度正是首先通过这种强制性的力量，对学校成员的行为进行规范、引导和约束。考察当前一些"名校"之所以成为名校，与其长期良好、稳定和有序的学校制度不无关系。相反，有些学校校风很差，学习风气不正，学校文化生态恶劣，从根本上看往往是由于学校某些方面的制度缺失或者制度不完善所直接导致的。学校制度的建设是否合理，学校具体规章制度、规范是否完善，从根本上关系到学校的变革及其进程。学校制度供应不足或者制度缺失主要有两种表现：一是显性制度缺失，另一种隐性制度缺失。所谓显性制度缺失，是指学校完全没有某方面的制度。所谓隐性制度缺失，即表面上某方面的制度十分"齐全"，效果却很差或毫无效果，实际上是制度实施处于"真空"状态。以我国的德育为例，从全国大的范围看，我们有数不胜数的关于德育的文件和规定，德育体系也是最庞大的，德育制度都比较健全，但是有些地区、有些学校没有很好地实施，搞形式主义，这是制度的隐性缺失。

二、制度构建原则

（一）学校与个体目标相结合

学校对教职工的激励目标会影响个体的行为动机，因此，学校在实施目标管理之初，首先要确立管理目标。任何目标的确立都要符合学校总体目标，激励目标更加不能偏离学校总体目标。同时，目标的确立要满足教职工的个体需要，否则，无法激发教职

---

① 王家云，徐金海.制度伦理视域下的现代学校制度设计[J].教育发展研究,2013(10):11-15.

工的工作积极性。因此，激励目标的确立，要合理设置学校目标与个体目标，做到两者能够协调一致。

（二）物质性与精神性相结合

物质需要是教职工最基本的需要，因此，物质激励是学校最基本和直接的激励手段。精神激励相对于物质激励而言，是一项要求激励方式更加深入细致的工作，是从根本上激发教职工积极性和主动性的激励手段。无论是物质激励，还是精神激励，对于调动教职工积极性都发挥着不可替代的作用，两者必须有机结合。

（三）按需性和适度性相结合

美国心理学家马斯洛的需求层次理论将人的需求分为五类，由低到高分别是生理需求、安全需求、爱和归属感（社交需求）、尊重需求和自我实现的需求。个体在生理和安全需求得到满足后，需求会得到更高一层的提升，学校教职工无论是管理者，还是普通教师、职工，需求各不相同。同时，教职工的需求也有相同之处，例如参与管理、决策的需求，获得物质的需求、自我实现的需求等，只是需求程度有所不同而已。因此，学校在构建激励机制过程中，要按需激励，因地、因人制宜。

学校现实管理过程中，往往会认为激励力度越大，激励效果就越好，对教职工采用力度更为强大的激励，虽然能够一时的调动他们的积极性，但一段时间后，教职工的期望值也会随之进一步提高。长此以往，要提高教职工的积极性就需实施更大力度的激励，因此，超量的激励或者不足量的激励都不能够真正起到激励作用，严重挫伤教职工的积极性。

（四）秉承公平、公正、合理

学校在制定和执行激励政策时要秉承公平公正的原则。首先，任何激励都应与被激励者的成绩相一致。不能"功小而赏大"或者"功大而赏小"。其次，激励标准的制定和执行都要坚持一致性原则，被激励者不论亲疏远近，都应一视同仁。再次，杜绝不公平的情况出现，保证全校教职工机会均等，为学校创造一个公平、平等的竞争环境。最后，激励过程要保证公开化和民主化。

总之，构建学校制度是一项复杂、系统的工作，是目标、动机、需要、行为四者之间相互作用的过程。

三、学校制度建设示例：四平市第二实验小学办学章程

第一章　总　则

第一条　为了实施学校内部科学化、规范化、系统化管理，全面贯彻党的教育方针，全面实施素质教育，全面提高办学效益，依据《中华人民共和国教育法》及其他有关教育的法律、法规、条例，制定本章程，以保证依法行政，依法治校。

第二条　学校名称：四平市第二实验小学校。学校地址：四平市铁西区地直街实验路236号。

第三条　学校性质：公办全日制小学。

第四条　办学目标：谋求特色发展，打造幸福教育。

第五条　办学理念：教孩子一天，想孩子一生，为孩子一生的幸福奠基。

第六条　办学方向：学校有特色，教师有特点，学生有特长。学校有特色，即六大品牌：厚德教育名校；优质服务创校；教学质量立校；校本教研兴校；体艺教育活校；英语教育亮校。教师有特点，即形象亮、管理新、教学优。学生有特长，即品行美、学业精、才艺佳。

第七条　学校文化：

校风：至纯　至上　至善　至美

校训：唯实　创新　立德　树人

教风：敬业　务实　创新　求真

学风：严谨　朴实　乐思　善问

第八条　学校校歌：《在快乐中长大》。希望教师因工作而快乐，因工作而美丽；学生因成长而快乐，因收获而幸福。

第九条　工作口号：以德治校、质量立校、科研兴校、特色荣校。

第十条　工作思路：简单概括为"1234"工程，即：

一个确保：确保安全是学校工作的重中之重。

两个引领：引领教师全面成长，引领学生自觉成才。

三个坚持：坚持以课改为中心，全面提高教学质量；坚持以社会主义核心价值体系为指导，培养学生良好精神品质；坚持以体艺教育为重点，提高学生综合素质。

四个提升：服务质量提升；文化内涵提升；和谐关系提升；办学水平提升。

第十一条　工作愿景：让学校的每一天都充满向上的精神，让教师的每一天都体会执教的幸福，让学生的每一天都收获成长的快乐。

第二章　学校管理体制

第十二条　学校实行校长负责、党支部保证监督、教代会民主管理三位一体的管理体制。学校接受教育行政部门的管理和监督，并定期通过学校教职工、学生家长、学生会议和社区调查等形式听取对学校工作的意见、建议和批评，把学校办成人民群众满意的学校。

第十三条　学校实行全员聘用合同制、岗位目标责任制及责任追究制。按照"分级管理、分工负责"的原则，在区教育局领导下实施教育工作。

第十四条 学校党支部接受上级党组织的领导，负责党务工作。学校设立以下内部组织机构：工会、教务处、政教处、少先队、总务处等行政职能机构。各组织机构的成员要认真履行岗位职责，完成学校分配给的各项工作任务，由分管工作的校级领导全面负责。学校在行政管理过程中，要充分发挥工会、党支部的监督，保障作用。

第十五条 学校的主要制度：

（一）学校实行校长负责制。

校长是学校的法人代表，对学校的教育教学和行政管理工作全面负责。校长在校内具有人事聘任权、财务经费使用权和学校教育教学工作决定权、指挥权、管理权。

（二）学校实行岗位责任制。

学校在定编定岗的基础上，根据学校工作需要，科学设置工作岗位，根据岗位的特点，合理确定岗位责任，岗位工作量，工作目标和上岗条件，建立科学的考核方法，对教师进行一评三考，促进全体教职工热爱本职工作，不断提高工作效率。

（三）学校实行教职工聘任制。

学校在定编和建立岗位责任制的基础上，依据教育行政部门制定的教职工聘任方案的有关要求，实行待聘管理，每三年进行一次教职工聘任。

（四）学校实行职称等级工资制。

教职工的工资由岗位工资、薪级工资、提高部分、教龄、现行津贴五部分组成。

（五）学校实行校务公开制。

公开内容必须充实完整、真实清楚、明了易懂。校务公开要从教师、学生、家长普遍关心和涉及师生切身利益的问题，特别是涉及学校重大的事项，必须经过集体讨论，向教职工公开。校务公开内容分为向社会公开和校内公开。

向社会公开的主要内容：学校新生入学，毕业情况；学生借读、转学、退学、休学等办理程序；学校招生收费标准；学校三好学生的评定；其他需要向社会公开的内容。

学校内部公开的主要内容：学校改革的重大举措、发展规划、年度工作目标、任务和计划，教育教学改革措施；财政收支及管理情况，基建维修，数额较大物品采购等；干部任免及评议中层以上干部情况；学校考核、奖惩、课时工资分配等；主要领导干部廉洁自律情况，教职工聘用情况及下岗分流等有关教职工切身利益的事项；评优、评先进、工资晋升和评职称等情况；学校认为其他需要公开的内容。

（六）学校实行教师管理考勤制。

实行日签到、月总结制，对于因病因事请假教师酌情扣款，用于教师超课时奖励。

第十六条 校长由教育行政主管部门任命产生。

第十七条 校长行使下列权利：

（一）按照办学章程自主管理学校；

（二）组织实施教育教学活动；

（三）聘任教职工，实施奖励或者处分；

（四）管理、使用本单位的设施和经费；

（五）拒绝任何组织和个人对学校工作的非法干涉；

（六）法律、法规规定的其他权利。

第十八条 校长应当履行下列义务：

（一）遵守国家法律、法规；

（二）贯彻国家的教育方针，执行国家教育教学标准，保证教育教学质量；

（三）管理好学校，不断提高学校的办学质量和办学效益；

（四）维护受教育者、教师的合法权益；

（五）采取措施，创造条件，努力提高教师队伍素质；

（六）保证学校利益不受非法侵害；

（七）依法接受监督。

第十九条　学校党支部书记由上级党委任命产生。其他支委成员根据具体情况采取任命和选举相结合的办法产生。

第二十条　学校党支部书记的主要职责：

（一）负责党和国家路线、方针、政策、法律、法规、党纪、政纪的全面贯彻落实工作；

（二）负责上级党委部署的各项工作任务的贯彻落实工作；

（三）负责学校党支部工作的全面开展；

（四）负责学校精神文明建设工作的指导与开展；

（五）负责参与学校行政工作的决策、监督、支持学校行政工作的开展；

（六）负责学校共青团、工会、少先队工作的指导与建设工作；

（七）负责学校师生政治思想和职业道德建设工作；

（八）负责学校分配的其他行政工作。

第二十一条　学校建立由校长、副书记、副校长、工会主席组成的校务管理委员会，集体研究决定学校重大事项，校务管理委员会的职责是：

（一）研究决定学校的发展规划；

（二）研究决定学校重大建设支出项目；

（三）研究决定学校人事方面的事项；

（四）研究决定学校重大政策的出台与实施；

（五）研究决定学校其他重大事项。

第二十二条 学校积极支持工会组织开展活动。工会组织要动员和组织教职工认真完成学校的各项工作任务。

第二十三条 学校建立以教代会为主要形式的民主管理监督机制，参与学校的民主管理。教代会的代表由民主选举推荐产生，一般任期为三年。

第二十四条 教代会的职责：

（一）对学校的发展提出建议或意见；

（二）对学校的重大建设项目提出建议和意见；

（三）对学校的管理政策提出建议和意见；

（四）对学校的财务管理提出建议和意见。

第三章 教育教学管理

第二十五条 学校要牢固树立以教育教学为中心的办学思想，加强对教育教学工作的管理，保证教育教学质量不断提高，促进学生素质不断提高。

第二十六条 学校严格执行国家课程计划，开足开全学科和课时。

第二十七条 学校在开展教育教学工作时，以国家的《基础教育课程改革纲要》为指导，大力推进新课程实施，努力提高教育教学质量。

第二十八条 学校加强教育教学研究工作，强化和突出校本教研和校本研修，树立"教学即研修"的理念，促进教师不仅成为一个优秀的教学人员，也要成为一个出色的科研人员。

第二十九条　以学校教育为基础，开展好家庭教育和社区教育，整合教育资源，完善育人网络，提高育人效果。

（一）学校要通过教师家访，召开家长会等形式指导好家庭开展家庭教育工作。

（二）学校组建家长委员会，共同参与学校教育教学管理工作。

（三）学校要充分利用社区教育资源，通过参观、社会调查、社会实践，密切学校与社区的联系，发挥社区育人的作用。

第三十条　学校加强对班主任工作的指导和管理，班主任应当做好以下几方面工作：

（一）对学生进行德、智、体、美全面教育。

（二）开展丰富多彩的班级活动。

（三）关心爱护差异学生，尊重学生的人格，促进所有学生健康成长。

（四）认真贯彻落实《小学生守则》和《小学生行为规范》的各项要求，做好学生养成教育和社会主义核心价值观教育工作。

（五）做好班级用品管理，学籍档案的建立，学生操作评定等各项工作。

（六）做好家访工作，协调好学校、家庭的关系。

（七）做好学生巩固工作，杜绝出现流失生、辍学生。

第三十一条　学校的每一位教职员工都是学生的教育者，必须树立"学校无小事，事事有人管"的理念，做好学生的教育工作，在教育工作中应做到以下要求：

（一）用爱心和技能服务学生；

（二）用热情和无私奉献学生；

（三）用真诚和友爱尊重学生；

（四）用汗水和心血滋润学生；

（五）用崇高的形象教育学生；

（六）用严明的纪律规范学生。

第三十二条　在教育教学中要做好因材施教，特别加强对思想品质后进生和学习成绩后进生的教育，采取科学有效的教育方法，帮助他们完成学业。

第三十三条　对学生要加强学习方法的传授和良好学习习惯的养成教育。指导学生掌握正确的读书、思考的方法，养成预习、使用学习工具，动手完成的良好习惯。

第三十四条　教师必须严格按照要求保证正常的教学秩序。

（一）每节课前必须充分做好教学准备，不许无准备上课。

（二）每节课必须提前2~3分钟进入教室，组织学生上课。

（三）课堂教学进行中教师不得离开课堂。

（四）课堂教学中教师不得使用通讯工具。

（五）教师不经学校批准不准随意串课、要课。

（六）教师不得以任何理由侵犯学生接受学习的权力。

（七）教师必须按时下课，不得拖堂延长教学时间。

（八）放学后教师必须组织学生列队出教室。

第三十五条　学校对作息时间作如下规定：

班主任每天7:10上班，副班主任7:20上班，科任教师7:40上班，中午11:25—1:00午休，下午4:30下班。

学生每天上午7:50—11:25上四节课，下午1:00—3:30上三节课，其中9:20—9:55和14:30—14:50为大课间时间。

第三十六条　关于学生作业的规定如下：

一、二年级不布置书面作业，可布置口头作业；

三、四年级每天的书面作业时间（所有学科）不超半小时；

五、六年级每天的书面作业时间（所有学科）不超1小时，提倡分层布置作业。

第三十七条　关于使用教材的规定：

（一）必须使用上级教育局规定、批准的教材；

（二）任何人不许以任何理由乱订资料，向学生推销非规定和批准使用的教材。

第三十八条　关于教学质量测试的规定：

（一）学校每学期进行两次集中测试，期中和期末各一次。

（二）平时测试、单元测试、单项测试由任课教师组织。

（三）测试内容分为笔试和非笔试两种，笔试内容侧重于基础知识、基本能力、思维方法的考查。非笔试内容侧重动手实践能力的考查。

（四）测试成绩的结果以等级评价为主和语言抽查为主。

（五）任何教师不得给学生排名次。

第三十九条　学校必须严格执行国家课程标准，上好体育课，开展好体育活动。每天保证学生有1小时的体育锻炼的时间，每学期组织开展一次大型的全校性体育活动。

第四十条　学校要积极开展丰富多彩的艺术教育活动。

（一）合理配备教师，保证开展艺术教育所需的师资；

（二）严格执行课时计划，保证上好艺术教育课；

（三）每学年开展一次全校性的主题教育展示活动。

第四十一条　关于课外、校外活动和竞赛的规定：

（一）课外、校外活动必须有益学生的身心健康和保证学生的人身安全；

（二）课外、校外活动应当在教师的指导下开展和进行；

（三）课外、校外活动应当体现量力而行、自愿参加的原则。

（四）参加学科类竞赛必须是教育行政部门批准允许的，不得以收费为目的开展竞赛活动。

第四十二条 关于教育管理的规定：

（一）学校的招生由教学校长和教导处组织，领导班子集体讨论决定，编班由教导处负责；

（二）学校每周召开一次中层以上领导干部工作例会，例会的基本内容是总结上周工作，布置下周任务和要求，每月进行一次全校的工作总结，期中、期末召开学校阶段性工作总结；

（三）学校的档案管理按档案管理规定由专人负责；

（四）学校的学籍管理执行上级的有关规定，由学籍主任负责此项工作。

第四章　后勤管理

第四十三条 加强对校园秩序管理：

（一）门卫、收发人员、值日人员、保安要认真做好校门的封闭管理工作，对外来人员没有学校的准允不许进入学校内。

（二）严禁任何外来车辆进入校园。

（三）严禁任何外来人员在校园内从事商业活动。

（四）严禁在校园内进行任何危害师生身心健康的活动。

第四十四条 加强对校园环境的管理：

（一）学校的各部位必须保证整洁干净，物品摆放有序，绿化、美化工作符合要求；

（二）政教处每天必须早、午、晚对全校的卫生情况检查一次，并及时总结；

（三）学校各个班级必须每天早、午、晚三次对班级分担区进行清扫；

（四）每周周四下午为全校性的卫生清扫日；

（五）环境卫生保持情况纳入到学校考核评比内容之中。

第四十五条　总务处要加强加强对学校各种物资、设施的管理工作。严防公物流失和浪费。

（一）安排专人负责对各种物资、设施的管理，各负责人必须认真履行职责；

（二）物资、设施的管理，必须做到账、物相符，入库及时；

（三）物资、设施的使用必须履行借用、归还手续；

（四）学校每学期组织管理者对所管物资、设施进行自查一次，每年由学校组织专人检查一次；

（五）由于管理者的原因造成学校资产流失的，由管理者负责按价赔偿（无法购置的加倍赔偿），由于使用者的原因造成学校资产流失的，由使用者负责赔偿，方法同上；

（六）切实加强安全保卫工作，坚持做好防火、防盗、防电、防毒、防病工作，坚持抓好饮食工作，及时发现和排除各种安全隐患，确保学校师生和财产的安全。

第四十六条　加强对学校财务工作的管理：

财务室要加强财务管理，健全财务制度，严肃财经纪律，坚持勤俭办学，搞好经费的预算、执行和决算。

学校收入要严格执行收支两条线，纳入财政专户管理。由学校的财会人员及时收缴入账，按照国家的相关规定执行。

学校的支出必须按如下要求执行：

（一）学校的一切支出必须年初有预算，经主管校长同意方可执行；

（二）学校的重大款项的支出，必须经学校领导班子研究决定方可执行；

（三）学校的支出必须按照预算，遵循向教育局提出"申请—财政局批准—购物—核实"的程序方可执行；

（四）对专项资金要坚持专款专用原则，项目支出要严格按政府采购招标条例执行。

学校的财务报销必须执行以下要求：

（一）需要报销的支出必须是学校主管校长批准；

（二）报销的票据必须是真实、合法、有效；

（三）报销必须具备的条件：购物申请批准单，经手人签字，验收人签字，财会人员的审核，主管校长签字。

学校的财会人员必须每月向校长报告收支结余负债情况。

学校每年向全体教工进行一次全年财务收支情况报告。

第五章　教师管理

第四十七条　教师是办好学校的主体力量，学校必须尊重教师、尊重知识、尊重人才。学校必须依法维护和保障教职员工的合法权益。学校教职员工必须遵守宪法、法律和职业道德，维护学校的荣誉和利益，严格遵守学校的章程和规章制度，认真履行岗位职责，圆满完成工作任务。

第四十八条　学校教师享有《中华人民共和国教师法》及有关法律、法规、规章规定的权利，履行《中华人民共和国教师法》及有关法律、法规、规章规定的义务。认真履行教书育人的职责，做到期初有计划，期末有总结，学年有专题总结或教育教学论文。

第四十九条　学校鼓励教师开展教育教学改革和实验，鼓励并支持教师从事教育科研、学艺交流和参加进修或其他方式的培训。

第五十条　教师应当积极参加学校组织的政治学习、业务学习、继续教育学习，完成规定学习任务，不断提高自己的工作能力和水平，胜任本职工作。

第五十一条　教职工的病假、事假、婚假、丧假、产假等日常管理参照国家的有关规定严格按照学校的教师考勤管理制度执行。

第五十二条　寒暑假及双休日、节假日值日漏岗，在此期间发生事故的一切损失均由漏岗者承担。

第五十三条　教职工连续旷职（含双休日）十五天，一年内累计三十天者按动离职处理。自动离职的按上级有关要求执行。

教职工有下列情况视为旷工：

（一）事假逾期者；

（二）无故不上班者；

（三）未经组织同意，到其他学校工作者；

（四）病假无诊断或病假逾期者及不交诊断者；

（五）以患病为借口开假诊断者；

（六）本人不上班找他人顶岗者；

（七）没有正当理由婚假、丧假、产假等法定假日超过规定时间者；

（八）出门逾期不归者；

（九）教职工离岗出走，下落不明者；

（十）借到其他单位工作，按通知规定时间未及时回本单位者。

第五十四条　教职工的病退、退职、退休、死亡，按上级有关规定办理。

第五十五条　教职工实行待聘管理，待聘人员的产生及待遇、管理按上级规定执行。

凡有下列情况之一者，随时待聘：

（一）受到党内严重警告、行政记大过以上处分的；

（二）体罚或变相体罚学生造成严重后果的；

（三）乱收费、乱办班、乱订资料、监考违纪，向学生家长卡、要、报等师德较差的，家长和学生反映强烈，在社会造成极坏影响的；

（四）由于工作失职，给学校造成重大损失，影响较坏的；

（五）明显不胜任教育教学工作，学生、家长反映强烈的；

（六）不服从学校分配工作的。

第五十六条 学校在岗位设置上实行按需设岗，根据工作需要分为领导岗位、班主任岗位、副班主任岗位、科任岗位、工勤岗位。

第五十七条 学校对所有教师的工作实行一评三考。

（一）考核以学年为基本周期；

（二）学校成立一评三考领导小组，对学校副校长以下所有教师进行全方位考核；

（三）考核内容分为师德评价、专业素质考核、一线教师教学过程、教学实绩考核及非一线教师岗位责任和工作绩效考核。其中师德评价包括自我评价、教师互评、领导评价、学生家长评价和日常考勤评价；

（四）考核成绩记入教师个人的《考核管理手册》，并按照综合成绩进行排序；

（五）考核结果作为教师评先选优、职称评聘的主要依据。

第五十八条 学校对所有教师实行聘任制。

（一）聘任实行按需聘任，按岗聘任；

（二）聘任实行教师个人上交竞岗申请，学校择优任用，个人工作愿望必须服从学校工作需要，如不服从按拒聘处理；

（三）聘任后的教师必须认真履行工作职责，对完不成工作职责的人员随时解聘、待岗。

第五十九条　教职工有下列行为之一者，造成的所有损失均由当事者本人负全责：

（一）乱办班造成的损失由当事者自己负责；

（二）乱收费造成处罚金由当事人自己负责；

（三）乱订资料造成处罚金由当事人自己负责；

（四）体罚学生造成的人身伤害损失由当事人自己负责；

（五）由于工作失职造成的人身伤害损失由当事人自己负责。

第六十条　学校职称评聘、先进的评选实行以下制度：

（一）学校职称评聘、先进评选实行民主集中制；

（二）学校职称评聘、先进评选实行公示制。

第六章　学生管理

第六十一条　凡按有关规定被本校录取或转入本校学习的学生，即取得本校学籍。学校依据教育局关于学生学籍的管理规定，加强学生学籍管理。

第六十二条　学校坚持全面正确地评价学生，正面地引导、激励学生。

第六十三条　学校对符合入学条件但家庭经济困难的学生提供资助，或申报上级给予助学金资助，鼓励同学之间互相帮助，鼓励教师扶贫帮困。积极向社会各界争取对贫困生的资助。

第六十四条　学生有下列权利：

（一）接受平等教育，对学校或教师不公正待遇，有权提出申诉；

（二）在学习成绩和评定上获得公正评价；

（三）参加学校组织的各种活动；

（四）参加教育教学计划安排的各种活动，使用教育、教学设施、设备、图书资料。

第六十五条 学生应当履行下列义务：

（一）学生必须遵守国家的法律法规、校纪、校规；

（二）学生必须遵守学生行为规范，爱护学校的公共设施，尊敬师长，听从老师的教导与同学友好相处，养成良好的思想品德和行为；

（三）学生必须完成学校规定的各项学习任务，努力提高自己的素质，做一个德、智、体、美、劳全面发展的学生。

第六十六条 学生的入学、转学、休学按上级有关规定办理。

第七章 附 则

第六十七条 本章程须经学校教职工代表大会讨论通过，并报区教育局批准后执行。本章程的修订须经学校教职工代表大会讨论通过，并报区教育局批准。

第六十八条 学校及各部门依据本章程制订各项制度及方案。原订规章制度、方案与本章程有抵触的，应予修订。

第三节 文化与名校建设

教育部基础教育司副巡视员郑增仪出席"文化传承与教育创新——全国百年名校校长论坛"开幕式时讲：百年老校之所以普遍都是当地的名校，都是学生向往、家长和社会满意的优质教育资源，不仅仅因为这些学校有较好的设施设备，有较高的升学率，培养出了许多升入重点大学的学生，更重要的是因为这些学校有优良的传统，有百年积淀的文化，而在这种文化下形成的良好校风、教风和学风，培养和熏陶着一代代学子，使他们具有崇高的理想、良好的道德风范，这种在学生身上打下的与众不同的修养的烙印，实质上就是学校文化的烙印。正是这种文化的烙印，使百年名校的毕业生到社会上做出了突出贡献。名校出名人，正是这种文化陶冶的结果。因此，我们提倡深入挖掘学校文化，鼓励形成学校自身文化特色，用学校文化育人。

华东师范大学陈玉琨教授认为，学校的发展可分为三个阶段：第一阶段，学校的管理主要依靠校长的观念、人格和能力；第二阶段，学校的管理主要依靠一套完善的规章制度和机制；第三阶段，学校的管理主要依靠学校文化。在长期社会检验与历史选择中，办学业绩显著并逐步获得公认的"名校"，以自己独特的高品位文化成为学校文化的高地。名校文化是一种有独到思想、有个性风格、有行为体现、有生命依托的"有特色的文化完形"①。

一、学校文化定义与基本路径

（一）定义解读

通过中国知网、万方数据库等国内知名数据库就"学校文化"进行了文献检索，对其中具有代表性的部分文献进行了梳理，具体如表1-3-1所示：

---

① 邹进.现代德国文化教育学[M].太原：山西教育出版社,1992：30.

表1-3-1　国内部分学者的学校文化定义与内涵解读

解读者	具体表述	文献来源
胡东生	学校文化是以学校价值观念为核心的学校生活的一整套的观念体系、制度安排、行为方式、语言符号、风俗习惯以及环境建设的有机体。学校文化的核心是学校共同的价值理念即价值观念、价值判断、价值取向	胡冬生.学校文化是支撑"名校"的根本[J].新余高专学报,2007(3):112-113
李鹏程	从文化学角度看,学校文化是"有空间边界的文化",是一个以自己的文化特性区别于边界之外文化的"文化个体",一个自组织、自调节、具有文化目标的结构功能系统,这个系统是由具有生命存在的"人们"共同组成的	李鹏程.当代文化哲学沉思[M].北京:人民出版社,1994:427
程雯等	学校文化是学校群体成员秉持的价值取向和做事方式的统一体,它决定着教师的所思与所为,是教师信念的重要来源和价值基础	程雯,谢翌,李斌,等.学校文化:涵养教师信念的母体[J].教育科学研究,2017(4):35-40
雷芳	学校文化是一种特殊的社会文化存在形式,它涉及教育的理念、精神和宗旨等根本性问题是孕育学校气场、风气与氛围的根源,是影响教育活动质量、制约学校机构发展的内在因素,是形成各种教育关系、影响师生发展的土壤与根基	雷芳.学校文化建构的基本路径与内在机理[J].湖南师范大学教育科学学报,2017(1):109-113
张东娇	学校文化是学校全体成员共同创造和经营的文明、和谐、美好的生活方式,是学校核心价值观及其主导下的行为方式及其物质形态的总和	张东娇.论学校文化的双重属性[J].中国教育学刊,2016(2):37-42

续表

解读者	具体表述	文献来源
王定华	学校文化是一种组织文化,具有一般文化所固有的特征。学校文化也是一种特殊文化,具有自身特点,与其他行业文化有所不同	王定华.试论新形势下学校文化建设[J].教育研究,2012(1):4-8
卢元锴	学校文化是学校全体成员在教育教学和管理实践中逐渐积累和共同创造生成的价值观念、思维模式、行为方式及其活动结果,其以具有特色的学校精神、学校制度和物质形态为表现形式,影响和制约着学校全体成员的思想和行为。学校文化可以分为理念文化和具体文化	卢元锴.论学校文化的背景及其策略[J].吉林教育,2005(11/12)

通过表1-3-1中诸多学者关于学校文化定义和内涵的阐述,我们完全可以较为清晰地对学校文化加以理解。无论何种界定,都离不开学校这一主体,都离不开师生的共同参与。本书仅仅是抛砖引玉,希望读者朋友能够根据自己的标准对学校文化加以解读。

(二)基本路径

学校文化作为一种微观环境空间意义上的文化场,必然有着其承载着自身功能作用的形态结构。因此,学校文化必然存在着具有普遍意义的基于其内容内涵与存在形态的结构。从即时空间存在状态来看,学校文化建构的结构包括三种维度,即主体维度、内容维度和形式维度,也可以称之为主体轴、内容轴和形式轴。学校文化本质上就是由主体轴、内容轴和形式轴共同遵循一定的内在秩序与机理,相互作用、相互交织而成的即时空间。学校文化建构的主体维度主要由"四者"组成，即管理者、教育者、学习者和服务者。学校文化的主体是学校文化建构与发展的行动者与实践者，是学校文化建构模型必不可少的组成部分，是"支撑轴"。学校文化建构的内容维度是学校文化建构的基础与前提条件。依据不同的分类视角与标准，学校文化建构内容维度可以划分为不同的组成成分，结合其内容质属的存在状态与表现形式，可以划分为精神文化、物质文化、制度文化和行为文化。学校文化建构的形式维度是表达、呈现学校文化建构内容的媒介与途径，也是文化内隐的精神外显的渠道与形态，主要包括精化为核、俗化为语、物化为境、固化为制、内化为力、外化为行、实化为果等①。

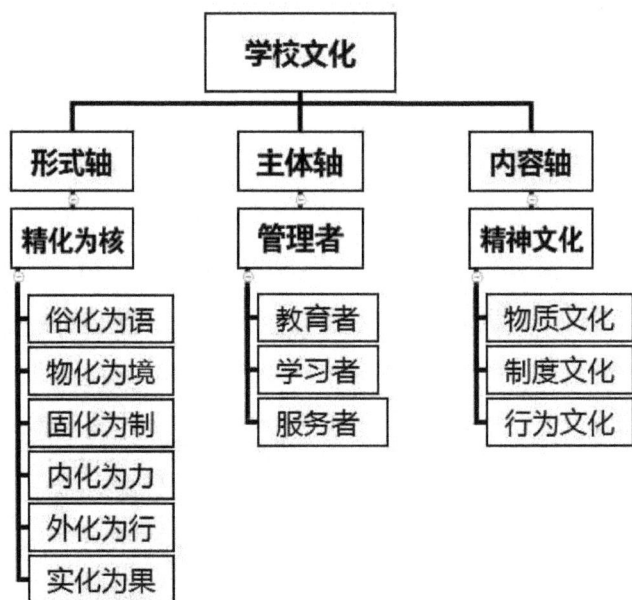

图1-3-1　学校文化建构的基本路径

① 雷芳.学校文化建构的基本路径与内在机理[J].湖南师范大学教育科学学报,2017(1):109-113.

二、学校文化建设示例：四平市第二实验小学文化建设

四平第二实验小学在学校文化建设着重对文化内涵进行了提升。

学校积极打造校园文化建设，对校园进行了整体的设计，将校园文化赋予了新的内涵，让每一块墙壁都学会说话，去体现二实验小学的人文思想，把工厂厂房进行了装饰装修，打造成一艘乘风破浪的航船，起名为幸福实验号，愿这艘在南河岸边起锚的航船载着全校师生驶向幸福成功的彼岸。漫步整个校园，学校的每一个角落都处处体现着学校的文化品位。

在育德长廊里，淡黄色的墙壁映衬着30多年的辉煌校史，诠释了"爱、诚、智、健、律、礼、乐、俭"的八字育人方针；"中国风"用浓淡相生相融的黑白世界展现了汉字历史的演变，"诉说"着中华五千年的文化传承与博大精深；欣欣向荣的"科技园艺栽培"为班级勾勒出一抹抹新绿；师生环保创新的书画作品更是交汇出一道道璀璨夺目的校园风景，演绎着教育的精彩和幸福；放眼操场上，标志性建筑"幸福实验号"与音乐花坛相映成趣，各种运动标识让校园充满活力；走进教学楼，陶行知的教育名言"千教万教教人求真，千学万学学做真人"映入师生们的眼帘；"科技馆"里孩子们体验科技魅力，放飞科技梦想；荣誉室内，全国或吉林省颁发的满屋子的证书、奖杯，赫然在目……展现在人们面前的，不仅是30多年的辉煌校史，更是学校师生的风采与荣光。

第四节　团队与名校建设

团队指在一个组织中，依成员工作性质、能力组成的各种小组，参与组织各项决定和解决问题等事务，以提高组织生产力和达成组织目标。团队管理乃是运用成员专长，鼓励成员参与及相互合作，致力于组织发展，所以可说是合作式管理。学校管理团队主要是指以校长为领导者、由副校长以及学校中层职能部门的干部构成的群体。这些成员之间是一种在职责上条块分割、在工作中分工合作的关系，他们共同组成一个不可分割的、关乎学校发展成败的学校管理人员共同体。学校团队管理工作作为一种潜移默化的实践行为，各种管理工作系统的组合和优化，是获得学校团队管理良好效果的关键因素。

一、强化沟通

狮子和老虎之间爆发了一场激烈的战争，到了最后，两败俱伤。狮子快要断气的时候对老虎说："如果不是你非要抢我的地盘，我们也不会弄成现在这样。"老虎吃惊地说："我从未想过要抢你的地盘，我一直以为是你要侵略我！"

这个故事告诉我们：团队成员之间相互沟通是维系的一个关键要素。有什么话不要憋在肚子里，多与同事、员工交流，也让同事、员工多了解自己，这样可以避免许多无谓的误会和矛盾。

二、建立互信

两只鸟在一起生活，雄鸟采集了满满一巢果仁让雌鸟保存，由于天气干燥，果仁脱水变小，一巢果仁看上去只剩下原来的一半。雄鸟以为是雌鸟偷吃了，就把它啄死了，过了几天，下了几场雨后，空气湿润了，果仁又涨成满满一巢。这时雄鸟十分后悔地说："是我错怪了雌鸟！"

这个故事告诉我们团队之间要相互信任，很多幸福团结的团队就毁于怀疑和猜忌。所以，对同事、员工要保持信任，不要让猜疑毁了团队。

三、遇事冷静

两只乌鸦在树上对骂起来，它们越骂越凶，越吵越激动，最后一只乌鸦随手捡起一样东西向另一只乌鸦打去。那东西击中另一只乌鸦后碎裂开来，这时丢东西的乌鸦才发现，自己打出去的东西原来是自己一只尚未孵化好的蛋。

这个故事告诉我们：遇到事情要冷静对待，尤其是遇到问题和矛盾时，要保持理智，不可冲动，冲动不仅不能解决问题，反而会使问题变得更糟，最后受损失的还是整个团队。

四、换位思考

小羊请小狗吃饭，它准备了一桌鲜嫩的青草，结果小狗勉强吃了两口就再也吃不下去了。过了几天，小狗请小羊吃饭，小狗想：我不能像小羊那样小气，我一定要用最丰盛的宴席来招待它。于是小狗准备了一桌上好的排骨，结果小羊一口也吃不下去。

这个故事告诉我们：有时候，己之所欲，也勿施于人。凡事不要把自己的想法强加给同事，遇到问题的时候多换位思考，站在对方的角度上想想，这样，你会更好地理解同事、员工。

五、保持心态

小猪开始学做蛋糕，但它做出的蛋糕总是不好吃。它问公鸡师傅，公鸡想想，问它做蛋糕的原料是什么。小猪说，为了怕浪费，它做蛋糕用的全是一些快要坏了的鸡蛋。公鸡对小猪说："记住，只有用好的原料才能做出好的蛋糕。"

这个故事告诉我们：只有用好的原料才能做出好的蛋糕，同样地，只有用快乐的心情才能构建起幸福的团队。所以，进门之前，请把在外面的烦恼通通抛掉，带一张笑脸进来。如果所有的团队都能这样做，那么这个团队一定是最幸福的。

第五节　品牌与名校建设

何谓品牌?在经济研究领域中品牌是一种错综复杂的象征，是品牌属性、名称、包装、价格、历史、信誉及广告方式的无形总称。在教育研究中品牌就是学校从创办、发展的过程中所积淀下来的学校名称，学校的标志以及其他各组成要素（师资水平、校园设施、校园文化）的总和，所反映的是学校在长期的发展过程中所积累的知名度和美誉，校名、校徽、文化等无形资产，还包括优秀的师资力量、较高的教学水平、过硬的教学质量、先进的办学硬件等有形资产。

一、品牌构建的意义

随着社会经济环境不断发展和完善，用人单位对人才的概念发生了重大的转变，从"要学历"迅速转变成"要能力"，从对"学习型"人才的需求到"应用型"人才的需求。教育发展必须适应经济发展，随着经济发展做出调整，创立符合经济需求的教育品牌，形成独特的管理模式，已成为现代经济发展的必然。我国的教育资源和教育体系在世界享有盛誉，但我国的教育影响与之相比不成正比，最主要的原因是我们的教育模式培养的学生实用性和能力性比较差，创新性不足。无论是基础教育还是高等教育，大多数学校教育模式趋同，丧失吸引力和活力，缺乏品牌性标志。

20世纪80年代，随着西方教育迅猛发展，品牌开始成为学校竞争力的主要源泉。学校依据自身特点与经济条件形成自己的教育特色，持续、稳健地发展下去。追求特色教育、寻求差异发展，一直是西方教育发展的主导思想，个性鲜明并得到公众认可的品牌是真品牌。而这种思想深深扎根于学校成立之初、发展之始的，而不是在学校发展到一定阶段后进行重新的定位和调整。以美国和英国的大学为例，目前在世界大学排名榜前十名中，美国大学有6所（以美国哈佛大学为代表），英国大学4所（以英国剑桥大学为代表）。这种格局的形成，与美英两国品牌教育的创建有着至关重要的关系。以哈佛大学为例：哈佛大学的办学宗旨是追求真理，其独具特色的教学和管理更是其品牌的亮点。品牌定位是一个过程，品牌定位是一种状态。品牌特色是能让学校本身区别于其他学校。

二、品牌构建的形式

品牌教育的构成要素和表现形式是手心和手背的关系，是外在与内在的关系，表现形式是"品牌教育"的外在表达，而构成要素外在表达的依据，"品牌教育"的表现形式可以通过校训、校歌以及各种学校仪式表达出来。

（一）校训

校训，原本是学校校长讲话中的关键词语，因为既有底蕴又有实效，所以被一代一代的教师和学子传递下去，时间一长，就成了约定俗成的话语。校训是在该学校的办学宗旨和理念的指引下，通过简明扼要的词将学校的精神表达出来，以达到激励学生共同遵守的训导型的规范。校训是对学校的办学理念的高度概括，它凝结了学校的文化传统和发展历史，是学校在长期办学的过程中对办学理念不断思考、升华而来，具有独特性、不可替代性和稳定性，但这些特性要在新的时代下赋予新的内容，要在学校发展的不同阶段赋予不同的特色，使其焕发新的风采。

（二）校歌

校歌是学校办学理念和办学精神的具体化，使用变化的旋律、高昂的文字来表达精神层面的一种形式。它不仅反映出一所学校的共同理想和精神追求，更是对学校的文化和历史的展现。校歌能增强学生对学校的认同感、归属感，对培养学生正确的人生观和价值观具有重要意义。小学正是一个学生思想道德培养的关键时期，校歌所展现的职责、所体现的励志、所号召的奋进能够营造一种积极向上的人文环境，对学生产生良好的影响。总而言之，校歌具有较强感染力和艺术表现力，能够激发全体师生的激情，唤起师生对学校的归属感，增强学校自身的凝聚力。以国立西南联合大学校歌为例，国立西南联合大学是中国抗日战争期间设于昆明的一所综合性大学。1938年4月，国立北京大学、国立清华大学、私立南开大学从长沙组成的国立长沙临时大学西迁至昆明，改称国立西南联合大学。1938年7月3日，教育部命令各校呈校歌、校训，10月，西南联大常委会成立"校歌校训委员会"，聘冯友兰、朱自清、罗常培、罗庸、闻一多为委员，冯友兰任主席。10月30日，校歌校训委员会开会，罗庸提交校歌词曲。西南联大校歌从1938年传唱至1946年抗战胜利各校回迁，激励了国难之下的一代学子。西南联大之精神深深浸润于校歌之中。校歌歌词精炼、典雅，始叹南迁流离之苦辛，中颂师生不屈之壮志，终寄最后胜利之期望，集中反映了联大精神，并表达了对中国抗日战争必胜的信念。西南联大回迁后，于其原址设立国立昆明师范学院，演变为今之云南师范大学，仍沿用西南联大校歌为校歌。听到这首激昂的歌曲，不但可以了解西南联大的地理位置、学校的传统以及作风，而且能够明确知道学校的办学理念，并对西南联大产生一种油然而生的敬佩之情。

随着和平时代的到来，学校教育环境越来越好，各级各类学校纷纷构建属于自己的校歌。四平市第二实验小学基于学校30余年的办学历程，创作了《在快乐中长大》校歌。

（三）仪式

"仪式"在《说文解字注》中这样释意："仪，度也，从人，义声。度，法制也。"《朱熹集传》："仪、式、刑，皆法也。"《简明文化人类学词典》："仪式是指按一定的文化传统将一系列具有象征意义的行为集中起来的安排或程序。"学校的仪式包括：仪式化活动、学校典礼和庆典活动。仪式化活动主要是指升旗、入团、入队宣誓等仪式；学校典礼主要是指入学、毕业、开学典礼等；庆典活动主要是指"六一"儿童节、学校校庆、学校庆功等庆祝活动。仪式的氛围是学生人生的重要体验，创新仪式活动内容，让仪式教育活动与时俱进，注重学生全程参与，突出体验育人，增强仪式育人的实效性，推动学校德育的科学性建设。作为课堂道德教育的延伸和扩展，它包含独特的文化意蕴，具有丰富的教育意义，对学生的思想观念、价值追求、行为方式有启迪、引导和教育的作用，是学生品德培养和人格塑造的有效路径。仪式的过程是学校文化的直接体现仪式的设计和策划，仪式的内容安排，绝不是仪式本身短暂过程的时间流逝，而是学校文化的集中体现。每一个环节，都需要精心策划；每一个细节，都需要周密考虑。因此，应该把它作为文化的一项内容，突出学校的文化韵味。四平市第二实验小学仪式教育丰富多彩，参见图1-4-1和图1-4-2。

三、品牌构建的策略

成功的品牌管理应该遵守四个步骤：画出品牌的"精髓"，掌握品牌的"核心"，寻找品牌的"灵魂"以及品牌的"培育与保护"。

图1-4-1　四平市第二实验小学升旗仪式

图1-4-2　四平市第二实验小学少先队队员入队仪式

（一）明确品牌构建的文化内涵

学校品牌文化内涵主要包括五个方面：科学的办学特色、优秀的教育质量、高超的管理水平、独特的文化个性、广泛的社会认同。所谓科学的办学特色，自然是有别于其他的个性化特征，但这种个性化办学不能违背教育共性，要符合教育规律的差异化发展，更要符合教育质量培养模式，以学生为中心，关注学生身心全面发展的一种个性化教育模式。所谓优秀的教育质量，是指经过学校长期发展后沉淀下来得到的社会认可度、知名度，是能够经得起时间考验的。这种高质量不仅体现在要有高质量师资，还要培养出高质量的人才。所谓高超的管理水平，不仅适用于企业，品牌教育更是离不开高效的管理，只有具备了高超的管理水平，才能将学校人、财、物得到最高效的合理配置和使用，从而节约成本。所谓独特的文化个性，是指蕴含在教育深处的一种文化内涵，这种文化所彰显的是一些学校的办学理念和办学精神，是经过长期沉淀下来的，是一个学校的灵魂所在、魅力所在。最后，所谓广泛的社会认同，是指社会对学校办学理念和办学精神的一种认可度，对学校品牌的熟悉程度，一所学校的社会认可度越高，它的社会价值就越高。然而，这种认可度并不是与生俱来的，而是在学校与社会的互动过程中形成的。

（二）明确品牌构建的育人定位

学校作为一个不同于商场、超市、政府、医院的社会组织，从事着与其他社会组织不同的作用——教书育人。学校品牌也不同于企业品牌，这种品牌是育人的品牌，"育人"也是学校的根本职能。因此，"育人"是衡量学校品牌的首要尺度。

学校品牌定位就是指学校建立一个与目标市场有关的品牌形象的过程和结果，指学校为自身确定一个适当的市场位置，使学校在社会、家长、学生的心中占有一个重要的位置。随着人民生活水平的不断提高，人民受教育的水平在不断提高，尤其是父母辈受教育水平不断提高，家长"望子成龙""望女成凤"的热切希望转化成了对于优质教学资源越来越强烈的需求，教育已经成了整个社会的舆论点。给每一个受教育者提供最为优质的教育服务，是每个教育从业者的目标追求，在教育行业竞争日趋激烈的今天，学校品牌的创建已经成为学校生死存亡和赢得社会关注的关键要素。任何一个品牌的成功，首先要认准产品的定位，寻找目标客户。教育品牌也是大同小异，定位是第一要素，我们常说，定位决定地位，思路决定出路，每一所成功的品牌学校都有一个明确独特的定位。随着教育多元化现象的出现，这就决定了任何一所学校都不能提供社会和家长对教育的需求，并不能满足家长对教育的全面要求，而只能根据自身的具体情况深入细致地分析所处的内外环境，进行市场细分，可以按照市场导向的定位，也可以文化内涵为导向，或以课程特色为导向，占据市场的一席之地。学校品牌定位作为教育品牌市场定位的核心，就是帮助学校确定最有吸引力的可以提供有效服务的目标，在社会、家长、学生心中树立一个与众不同的形象。

（三）明确品牌构建传播的载体

学校品牌的传播要有效的与公益性活动有效的结合，充分利用各种时机，加强宣传引导，善于运用多种形式，有效地推广学校品牌形象。运用我们熟知的传播渠道，例如印制各种宣传手册、宣传单，利用各种电视媒网络等宣传媒体进行宣传，可以利用各种节假日举办宣传活动，例如儿童节、国庆节、父亲节以及母亲节等，还可以利用各种校园活动进行宣传，例如运动会、教学成果展览、公益劳动、帮助孤寡老人等。品牌教育的推广取决于品牌意识的强烈程度，能否有创意地进行策划与运作。

（四）加强品牌构建精神文化建设

学校精神文化的建设是学校文化建设的最高目标，也是学校文化建设的根本基础。精神文化是学校文化的里层部分，是其灵魂和核心，主要包括学校的办学理念、办学思想、办学宗旨以及师生们的价值观、世界观和人生观等。它是一个学校的特殊本质、独特个性及精神面貌的集中体现，它决定了学校的品位层次和个性特点。学校在其品牌建设中只有清楚地明晰教育的性质和教学目标，创建自己独特的文化精神，才能让学校师生能够自觉观察学校的理念和思想，才能形成真正的品牌。

（五）加强品牌构建物质文化建设

学校物质文化主要是指学校的一些基础设施文化，包括教学及办公设备、教学辅助设备、文化体育活动中心。此外，学校的物质文化还包括校园规划和环境美化工程。学校标语、雕塑还有校史陈列室等物质载体也是一种物质文化。物质文化不仅仅是一种装饰，更多的是一种文化、一种精神、一种价值的体现。这种文化以其独特的方式陶冶着师生们的情操、净化着师生们的心灵，对师生们的意识形态产生深远的影响。这种直观的形式体现了学校管理者和创建者的办学理念和育人取向，蕴含着学校的价值观、精神面貌、审美观以及其他社会寓意。它是精神文明得以生存与发展的基石和载体，也是校园文化建设的物质前提和条件。这些物质文化能够冲击人们的视觉系统，具有很高的知名度和辨识度，容易让人们印象深刻，对提高学校品牌的社会认可度具有重要意义。

（六）加强品牌构建制度文化建设

无规矩，不成方圆。学校的制度即为学校师生们所立的规矩。学校的规章制度是校内师生们行为活动的准则，是校内师生进行沟通的行为规范。学校的一些规章制度往往是根据教育规律、教学常规和法律法规制定，并以此要求师生们按此要求行动。还有一些学校的规章制度是在人们沟通和合作的过程中产生的，而这样的规章制度已经深入全校师生的潜意识里，形成了一套在本学校内部适用的行为准则和活动规范，人们不自觉地按照这些规章制度来发现问题、解决问题，并逐渐形成人们的一种思维习惯和行为方式。无论学校的环境多么优越，没有严格的规章制度对师生员工的行为进行规范和约束，学校必将混乱不堪。但是，一项规章制度并不是万能的。由于人们的思维方式和行为的准则千差万别，虽然是一套套规章体系，所达到的效果却是大相径庭。要想建立一种品牌教育，要建立健全各种规章制度、各种道德行为规范和一些约定俗成的规定，来约束和规范师生们的行为，使其了解、认可并逐渐养成学校独有的行为方式，这种无意识的言行就是学校品牌教育的一种外化形式，一种印记。因此，制度文化不仅是学校秩序井然的保证，也是全校师生内在精神文化得到升华的保证。

四、学校品牌构建示例：四平市第二实验小学品牌构建的实践

四平市第二实验小学在品牌构建上主要通过以下六个方面加以展开。

（一）厚德教育名校

学校作为全国百所德育科研名校，在"唯实　创新　立德　树人"校训的指引下，以爱国主义教育为主线，把培养学生良好的思想品质和行为习惯作为学校工作重点。力求传统中求创新，创新中求实效。如，红领巾爱心树和道德超市。

1.爱心树

在学校的育德长廊里，有一棵"树龄"18年的"红领巾爱心树"。青翠欲滴的果实记录着每年爱心基金的数额，见证了孩子们"每天节约一分钱，颗颗硬币献爱心"的成长历程，传递着一个个奉献爱心、呼唤诚信的故事，参见图1-5-1。

图1-5-1　四平市第二实验小学"爱心树"活动

这要从一个"一分钱的故事"说起，20多年前，也就是1996年，第二实验小学的一位老校长，无意中在校园的操场上发现了一枚一分钱硬币，她观察了许久后发现，竟然没有一个孩子将这枚硬币拾起来，这个现象引起了老校长的思索：一分钱是微小的，可若干个一分钱汇集起来，不也是一股巨大的洪流吗？从此，一个由该校同学们以"每天节约一分钱，颗颗硬币献爱心"为主题建立的红领巾爱心基金会在第二实验小学成立，一批品学兼优、生活贫困的学生们在爱心基金的资助下健康成长，饱含同学们真诚友谊的爱心基金也在不断汇聚中传承。20多年来，学校筹得爱心基金20多万元，先后对一千多名品学兼优的贫困、病困学生进行了爱心捐助，每学期初学校都会利用这项基金为家境贫困的学生交学费、书本费，购买校服、保险、学习用品、衣物，对于一些生病的孩子也会专门送去爱心基金，解决患病学生及家长的燃眉之急，还组织学生去儿童福利院献爱心，与农村小学"手拉手"，和聋哑学校的孩子共庆"六一"，为汶川灾区、西南灾区献爱心等。孩子们也在参与中品尝了助人的快乐，意识到了自己的社会责任。

现在，学校每名学生入校后第一堂生动的德育课，就是让孩子们在树下学会节约、懂得奉献、收获快乐，在助人为乐中了解自己的社会责任，并将树上的果实分享给需要帮助的同学。孩子们"每天节约一分钱，颗颗硬币献爱心"，将饱含真挚友谊和人文关怀的爱心基金，在不断汇聚中传承发扬，一棵以爱心教育为根基，用孩子们纯真爱心浇灌的"爱心树"逐渐枝繁叶茂。

活动发起至今，一些变化悄然发生：以前爱买零食的同学少了，花钱大手大脚的孩子学会了理财，主动关心帮助他人的学生多了……每到月末，各中队长都像小管家一样，把同学们捐的钱统计好，交到红领巾爱心基金会。

《中国火炬》以《颗颗硬币总关情》为题，《吉林日报》以

《枝繁叶茂爱心树》为题，分别对学校红领巾爱心基金会作了专题报道。第二实验小学将"一分"小溪汇聚成爱的海洋，为更多需要帮助的孩子营造未来和希望。

2.道德超市

道德超市开办之初，曾出现过一些小插曲：有的低年级孩子，付的钱与标价不符；有的孩子选择完文具之后，忘记了放钱就走；有的孩子在款箱里投放游戏币；有的孩子在找零的时候会出现差错；等等。针对这些问题的出现，学校通过校广播站、黑板报、校园网站、升旗仪式等手段进行宣传，并通过办手抄报、调查问卷、信息反馈、建立诚信档案等多种形式了解同学们对道德超市的认知和评价，同时以班级为单位，召开了"道德伴我快乐成长"主题班队会，对全校学生进行诚实守信、助人为乐的教育，一些不文明现象在逐步减少并消失。道德超市的相关活动参见图1-5-2。

诚信养成贵在坚持，为了吸引队员们长期在"道德超市"购物，从而养成良好的道德行为习惯，2013年10月学校又以道德超市为着力点增设爱心义卖专柜，卖出孩子们自己动手制作的DIY小物件以及他们捐出的闲置在家的书、玩具等，将道德超市从诚信实践的课堂拓展为爱心奉献的场所，增强勤俭节约意识，感受爱心奉献的快乐。爱心义卖的钱与超市的结余利润一起汇入学校红领巾"爱心树"，帮助有困难的学生。

这是学校在吉林省首开先河的一条德育途径。2014年，学校又对此项活动进行了延伸拓展，更名为"吉青·红领巾之家"，其包含有阳光诚信超市、爱心义卖吧、爱心图书漂流站、阳光维权岗等。

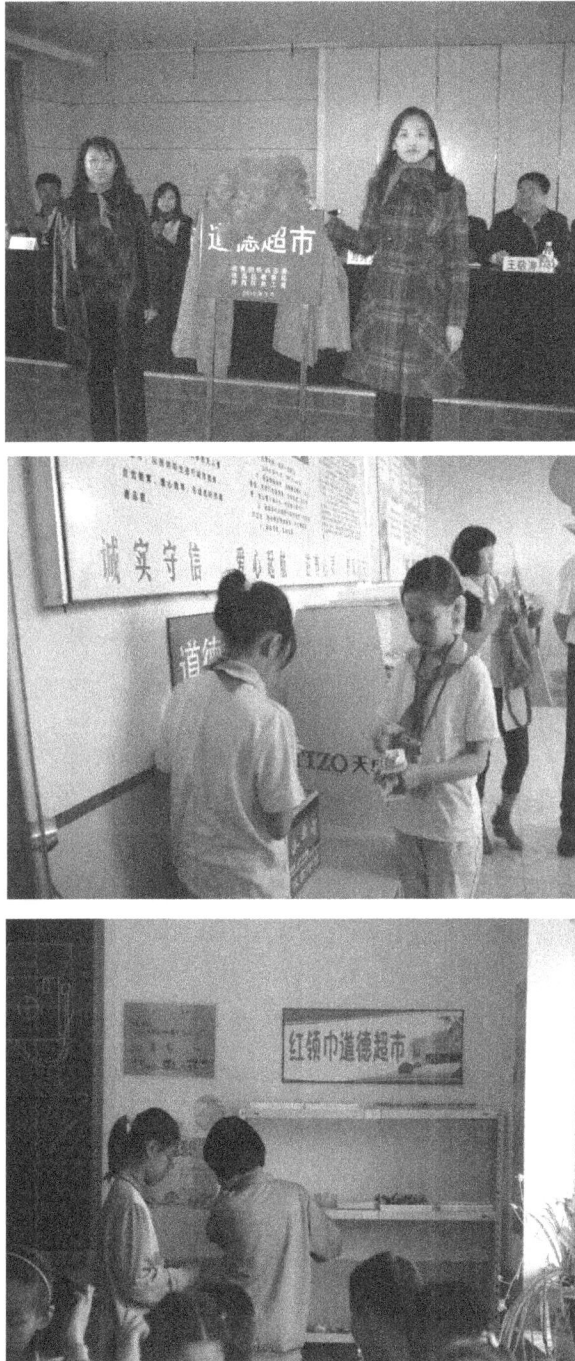

图1-5-2　四平市第二实验小学"道德超市"活动

几年来，学校以无人售货超市的这一诚信教育实践为基础，实行金字塔式的管理与营销模式，所有工作清一色由学生参与管理，为队员们搭建了广阔的启智润德的舞台，培养出了一批优秀的管理员、核算员，先后有23名同学被评为铁西区道德超市小模范。

如今，第二实验小学的红领巾"道德超市"已经走向全国。《少先队小干部》《辅导员》《中国青年报》《团中央未来网》等报刊分别报道了学校道德超市的开展情况，省市区各部门领导也多次来校调研考察。

四平市第二实验小学建"道德超市"没有售货员

"道德超市"是指由校方经营，在学校教学楼（或班级）内显要的位置设立柜台，主要经营学生日常学习文化用品，这里没有收银员，也没有售货员，学生们来买学习用品，交钱、找零完全凭自觉，在这里学生们买来的是方便，收获的是诚信、是美德，奉献的却是爱心。

在四平市第二实验小学三楼，一间约20平方米的小房间内，摆了4个小柜台，柜台上摆满了学生用的纸和笔，在柜台顶部标有每件物品的售价。在门口处是一个四方形的收款箱，里面的面值最大的是5元，最小的是5角。不时有学生到房间内拿着自己想要的学习用品，然后将钱放到收款箱内，走出房间。

据了解，这是第二实验小学的"道德超市"，超市里的物品从0.5元到3元不等，经营的都是学生必需的笔、写字本等等。"超市经营的物品批发采购、质好价廉，价格等于或低于其他超市、商店，学生购买不吃力、不吃亏。销售时以整五整十的方式出售，尽量避免找零钱的情况；学校在教学楼内显要位置或单独房间设置售货柜台，学生'足不出校'便可以购买到学习文化用品。"第二实验小学大队辅导员刘妍说。

在"道德"超市内，你会发现一个很有趣的现象，那就是看不到售货员。记者在超市内看到，学生在进入超市内，挑选自己需要的物品后，会将钱自觉地投到门口的收款箱，如果没有零钱的话，会直接从收款箱内找零。

"超市从开始到现在，一直都没有设售货员，大家买东西都很自觉，我从担任副经理到现在，没有发生过丢东西的情况。"第二实验小学6年级"副经理"崔熙雅说。

"超市所有盈利的钱都是用在学校贫困学生身上，每年我们都会选出需要帮助的学生，为他们发放书包、校服或者直接将钱打到学生的餐卡里。"第二实验小学校长姜世香说。据了解，学校开办"道德超市"已经有两年半了，总盈利3 160.5元，学校总共资助贫困学生达31人。"盈利的钱会捐到学校的爱心基金会里，然后再资助到学生身上，这样的良性循环不仅对学生，对学校也有好处。"姜世香说，学校不仅仅是学习的场所，更是育人的场所，开设"道德超市"，不仅为了方便学生，更是把它当成小学生的德育课堂、诚信教育的大课堂。通过这种日常生活中的自觉行为，在不经意中把"诚信"的种子播撒在学生们幼小的心田，培养了学生诚实守信的品质。

"一开始开办的时候，学生有投游戏币的，管理员非常难管理，只能通过班级班主任在班级里面开班会的方式，对学生采取宣传教育，在一些自觉的学生的带动下，学校渐渐杜绝了这样的行为，截至目前，学校'道德超市'已经没有丢东西的情况了。"姜世香说。

（http://xiaoxue.xdf.cn/201410/10161951.html，2014-10-21）

（二）优质服务创校

什么是优质服务？我们的理念就是用我们最大的热忱，积极的生命状态，站在孩子的角度给孩子以生命的关怀，让他们幸福健康地成长。曾经，我对学校、教师和学生写下寄语：

寄语学校：登高望远，地阔天蓝；滴水穿石，海纳百川；高起点，高标准，高品位，创实验学校特色，育全面发展栋梁。站在实验学校的角度，这是我对学校的希望。一所学校要有大气的胸怀，执着的信念，创新的精神。

寄语教师：教孩子一天，想孩子一生。给孩子一扇窗，轻轻地引导他们用眼睛去探寻窗外世界的精彩。希望我们的老师对学生像对待我们自己的孩子一样，春风化雨，润物无声。给孩子们搭建一个幸福成长的平台。

寄语学生：给自己信心，给他人友善，时刻记得：每一天都要有所收获，幸福快乐着长大！希望我们的孩子，对人对己负责，与人为善，在收获知识的同时，更收获成长的快乐。

实现优质服务首先要有优质的师资队伍，为此我们实施了五项工程，即一评三考工程、对口支援手拉手工程、业务素质培训工程、班主任聘任工程、青蓝工程。

优质服务实现的另一个要素就是创设最优质的教育资源。硬件和软件一齐抓，目前学校配备了标准化的小学科学实验室、舞蹈练功室、微机室、多功能电教室。班班有电脑，31个班级配有电子白板、投影仪，正逐步向数字化课堂迈进。

（三）教学质量立校

建校30多年来，我们始终坚信，教学质量永远是学校的生命线。在教学管理上，学校始终坚持以提高教师队伍综合素质为根本，以培养学生的创新精神和实践能力为重点，为学生打牢知识基础。每学期教学副校长和教学主任每天至少听课两节以上，从而提高对每位老师的上课情况的了解。在作业问题上倡导精选精留，因人而异，切实减轻学生课业负担，教导主任不定期检查各班的作业、摘抄本等。同时，我们非常注重教师集体教研，对于知识的重难点达成共识。并通过师徒结对子、举办骨干教师引路课、青年教师汇报课、同课异上等形式，不断促进教师的专业成长，从而不断提高教学质量。近四年来，在铁西区历次教学质量抽测中，第二实验小学数语外三科成绩都位居榜首。

（四）校本教研兴校

四平市第二实验小学在以"校本教研兴校"上主要从以下几个方面开展：

第一，坚持开展反思性教学，以教师实践反思为校本研修基础。学校要求每位教师结合自身课堂教学，每节课后进行简要教后（课后）反思；同时，要求每位教师结合自身教育教学实际，每周写一篇反思性的案例，随笔或教育叙事；每月一次定期举办沙龙论坛，谈谈自己最有收获或最满意的反思成果；一学期末或一个学年末，学校将优秀的个人反思成果汇集成册。通过反思性教学活动的开展，学校教师写出大量的反思笔记约2 000篇，现已出版2册，40多万字。

第二，实施"一、二、三"课例集体研讨模式，打造学习型组织。所谓"一、二、三"模式，即"一个主题，两次上课，三次反思"为主题的课例研讨活动形式。其过程一般分六个步骤：①提炼问题；②合作设计；③教师上课；④反思研讨；⑤再次上课；⑥再次反思。

第三，定期召开校级教育科学学术年会，为教师提供展示科研成果平台。校级学术年会2~3年召开一次，已召开了十几次。参见

图1-5-3。截至2018年，教师主持和参与的省级以上的课题二十余项，期刊上发表论文七十多篇。

图1-5-3 四平市第二实验小学校级教育科学学术年会剪影

附：教师论文目录

[1]四平市第二实验小学.在教育科研中提高教师整体素质[J].吉林教育科学,1998(8):29-31.

[2]韩艳娟.后勤工作服务于教学工作[G]//邢改萍.中华教育理论与实践科研论文成果选编(第1卷).北京:学苑出版社,2009.

[3]赵甲海.体验教育要在"动"中育人[G]//邢改萍.中华教育理论与实践科研论文成果选编(第2卷).北京:学苑出版社,2010.

[4]姜世香,吴欣然,冷朋静.教孩子一天想孩子一生[J].中国德育,2013(1):56-57.

[5]李彤宁.加强法律意识,抵制青少年犯罪[J].中国校外教育,2013(35):6.

[6]苗雨.让学生在有效的语文教学中快乐学习[J].中国校外教育,2013(35):57.

[7]陈威威.不拘格,玩儿转识字[J].现代交际,2014(1):164.

[8]王艳萍.学校后勤工作是教学工作的保障[J].中国校外教育,2014(17):15.

[9]郭仁越.漫谈加快教育信息化建设[J].电子技术与软件工程,2014(17):240.

[10]崔卫.浅谈如何寓体育于素质教育之中[G]//邢改萍.中华教育理论与实践科研论文成果选编(第8卷).北京:学苑出版社,2014.

[11]赵甲海.浅谈新时期学校职工思想教育[J].中国职工教育,2014(24):23.

[12]孙明杰.激励习作体验快乐[J].亚太教育,2015(1):52.

[13]李卓.做好小学美术教育的思考[J].大众文艺,2015(4):

255.

[14]齐燕龙.新课程背景下小学体育开放式课堂教学的实施策略[J].中国校外教育,2015(8):153.

[15]冷亚娟.新课程背景下小学数学课堂教学的有效性策略[J].中国校外教育,2015(8):72.

[16]贾红玲.小学班主任的德育教育工作永远在路上[J].中国校外教育,2015(12):23.

[17]陈颖.如何提高小学生的说写能力训练[J].中国校外教育,2015(12):71.

[18]李晓威.学生作文中的常见语病分析[J].中国校外教育,2015(12):57.

[19]李卓.以自由式教学理念创新小学美术教学探析[J].大众文艺,2015(11):240.

[20]丁凤芝.新课标下打造小学数学复习课高效课堂[J].中国校外教育,2015(19):126.

[21]陈菲.如何保证小学美术教学的有效性[J].中国校外教育,2015(19):147.

[22]吴桂玲.试谈小学数学课堂中的兴趣教学[J].中国校外教育,2015(19):63.

[23]王姗姗.对于小学数学课堂创新教学的探讨[J].中国校外教育,2015(20):80.

[24]高玉贤.小学低年级语文识字教学方法探讨[J].中国校外教育,2015(20):116.

[25]王敏洁.谈多媒体在小学音乐中的运用[J].中国校外教育,2015(21):167.

[26]杨昕铉.小学品德教学中感悟式教学方案探究[J].中国校

外教育,2015(21):30.

[27]何大为.论小学数学教学内容与信息技术整合的原则与模式[J].中国校外教育,2015(21):139.

[28]鲁斌娜.从细微入手,培养学生自信心[J].新教育时代,2015(3).

[29]刘海鸥.小学数学教学中学生数学思维能力的培养探究[J].中国校外教育,2015(29):121.

[30]刘敏."教育三法"提高数学课堂教学效果刍议[J].中国校外教育,2015(21):89.

[31]魏晓辉.浅谈国学经典教育对小学语文教学的意义[J].中国校外教育,2015(21):1.

[32]陈力.小学英语教学中"生本教育"模式的构建[J].中国校外教育,2015(31):73.

[33]孙香军.浅谈小学数学愉快教学[J].中国校外教育,2015(34):124.

[34]陈力.合作学习理念在小学英语教学中的运用[J].中国培训,2015(20):252.

[35]罗冰.小学英语教学中游戏的运用分析[J].中国培训,2015(20):270.

[36]刘妍.诵国学经典　打人生底色——浅析四平市第二实验小学校本教材《经典诵读》的编排与意义[J].中国培训,2015(20):268.

[37]郭春红.小学数学教学浅谈[J].中国校外教育,2016(4):124.

[38]韩春芳.谈小学语文阅读教学[J].中国校外教育,2016(4):128.

[39]王桂芬.小学数学教学中多媒体的应用[J].中国校外教育,2016(8):165.

[40]李格.强化小学生语文课外阅读能力刍议[J].中国校外教育,2016(8):44.

[41]宋菲.小学英语教师课堂教学语言初探[J].中国校外教育,2016(8):107.

[42]宋晓莉.新课标下小学语文作业设计的几点思考[J].中国校外教育,2016(10):115.

[43]何艳.关于小学语文课堂讨论的几点思考[J].中国校外教育,2016(10):28.

[44]王秀娟.尊重学生学习起点的小学数学学习策略探析[J].中国校外教育,2016(10):43.

[45]魏冬.提高小学语文课堂教学中教师的提问艺术[J].中国校外教育,2016(13):57.

[46]张春梅.浅谈小学低年级学生数学计算能力的培养[J].中国校外教育,2016(13):64.

[47]朱增华.新课标下如何开展小学数学生活化教学[J].中国校外教育,2016(13):110.

[48]施野.在小学数学教学中培养学生提出问题的能力[J].中国校外教育,2016(13):141.

[49]常威.培养自主学习意识提高小学数学教学效果[J].中国校外教育,2016(13):145.

[50]孙琳.如何借助多媒体优化数学课堂教学[J].中国校外教育,2016(15):166.

[51]肖微.如何调动学生学习语文的积极性[J].中国校外教育,2016(15):66.

[52]刘金波.浅议如何上好小学计算机课[J].中国校外教育，2016(15):127.

[53]蒋宏宇.小学语文课堂多媒体的运用[J].中国校外教育，2016(增刊):334.

[54]周微微.小学语文阅读教学中如何培养学生的思维能力[J].中国校外教育，2016(增刊):189.

[55]李丽娜.谈小学数学中对学生创新思维的培养[J].中国校外教育，2016(增刊):193.

[56]王亚凤.谈如何将小学数学教学生活化[J].中国校外教育，2016(增刊):234.

[57]宋春雨.小学数学课堂教学评价的研究[J].中国校外教育，2016(增刊):249.

[58]连柏枫.小学生数学问题解决能力培养的研究[J].中国校外教育，2016(增刊):257.

[59]王大巍.小学数学教师教学设计能力及其构成研究[J].中国校外教育，2016(增刊):262.

[60]乔秀丽.小学数学如何培养学生良好的学习习惯[J].中国校外教育，2015(36):96.

[61]宋雪.小学数学课堂教学设计中的若干问题及对策探究[J].中国校外教育，2016(21):72.

[62]姚元鹏.小学音乐教学中的创新教育探索[J].中国校外教育，2016(21):79.

[63]张丽.关注学习起点，构建高效小学数学课堂[J].中国校外教育，2016(21):82.

[64]剧秀君.流行音乐背景下的小学音乐教学[J].中国校外教育，2016(21):161.

[65]孙妍.浅析小学科学课堂提问的有效性[J].中国校外教育,2016(增刊):266.

[66]王俭.小学教师教学反思的现状和策略[J].中国校外教育,2016(增刊):267.

[67]朱莹.关于小学教师教学反思的探究[J].中国校外教育,2016(增刊):270.

[68]于研.小学数学课堂练习设计与实施的研究[J].中国校外教育,2016(21):50.

[69]秦国臣.不忘"惟妙"方得始终——浅谈小学生水彩画的"惟肖"效果的形成[J].中国校外教育,2016(增刊):331.

[70]石玉霞.小学数学"综合与实践"教学设计案例研究[J].中国校外教育,2016(增刊):252.

[71]田园.良工更应示人以朴——浅论音乐教育对小学生"三观"形成的影响[J].中国校外教育,2016(增刊):182.

[72]姜世香.吉林四平:教师成为最亮丽的"教育名片"[J].华夏教师,2016(9):19.

[73]冷朋静.践行社会主义核心价值观,引领孩子成长[J].华夏教师,2016(9):64.

[74]李凌俐.谈多媒体技术与小学数学的融合[J].中国校外教育,2016(27):166.

[75]孔凡宇.浅谈利用充分预习促进语文课堂发展[J].中国校外教育,2016(32):37.

[76]李丹.作文教学"四部曲"[J].中国校外教育,2016(32):131.

[77]栾智会.小学语文阅读教学渗透心理健康教育的研究[J].中国校外教育,2018(4):26-27.

第四，重视校本教材开发，转化教研成果。学校在日常工作中强化树立事事是课程、时时有课程的课程意识，组织人力、物力积极在开发校本教材的基础上精心打造学生喜欢的课程。几位教师成功编撰完成的校本教材《经典诵读》1—6册，受到了广大家长及孩子们的欢迎。

在校本课程上，我们也精心打造最受学生欢迎的课程，如：向母校献礼邀请家长来校参加的难忘的毕业典礼感恩课程。大中队干部竞聘上岗课程，科技小发明小制作益智课程，拔河比赛协作课程等。通过校本课程体现学校本土气息，体现学校校本特色，达到务实开放，实践之功效。

教育科研使教师冲破了传统的教学框架，解放了思想，拓宽了视野，教学方法灵活了，教学能力很快提高到一个新的层次。其中有的教师很快成为学生尊敬、家长爱戴、有影响、有知名度的教师。

（五）体艺教育活校

学校扎实推进素质教育，在抓好语文、数学英语教学的同时，注重抓好非考试学科的教学工作。尤其关注学生的体育与艺术教育工作，全力打造"魅力校园"。学校成立了金帆铜管乐团、俏娃娃舞蹈团、爱之乐合唱团、树人书画苑、飞天科技发明小组等各类兴趣才艺社团，举办歌唱节，举办小歌手、小乐手比赛，体艺特长生选拔，趣味运动会等。为学生们搭建展示提高成长的舞台，促进学生全面发展。2010年，学校十名学生奔赴北京，在全国第十届魅力校园春晚现场书画，并受到顾秀莲等人的接见；2011年由学校骆岚老师原创编排的群舞《东方红》参加第十一届全国魅力校园演出，作为开场在北京大学的百年讲堂盛大演出，并获金奖。学校金帆管乐团也曾赴北京参加全国第四届"青春乐章"青少年管乐队展演，荣获银号角管乐队称号。大型团体操

《向快乐出发》，在市区运动会展演，并获省级一等奖。参见图1-5-4至图1-5-7。

图1-5-4　四平市第二实验小学书画比赛

图1-5-5　四平市第二实验小学趣味运动会

图1-5-6 央视晚会《东方红》

图1-5-7 四平市第二实验小学运动会开幕式

（六）英语教育亮校

英语教学是我校的特色品牌之一，作为四平市首家英语学科示范校，学校以调动学生的非智力因素为工作重点，以培养学生的英语学习兴趣为取向，开展课堂教学，在多年的教学实践中创建了英语课堂五步教学模式：①说唱律动，热身入境；②巧设语境，激情引趣；③创设情境，探究新知；④协作学习，动手操作；⑤实践应用，扩展创新。

课堂教学中总结归纳了很多行之有效的词汇教学方法，比如音形记忆法、直观教学法、联想记忆法等。为给学生们搭建提升自己的平台，学校成功举办两届丰富多彩的英语节，包括口语大赛、英语书法大赛、短剧表演、英语手抄报、英语现场会等。把英语语言学习和实践交流结合，引导学生英语学习从文本走向文化和交流，形成浓郁的校园英语特色。

第二章

名师教育观察与实践

2018年1月，中共中央国务院颁布了《关于全面深化新时代教师队伍建设改革的意见》，指出："百年大计，教育为本；教育大计，教师为本；教师承担着传播知识、传播思想、传播真理的历史使命，肩负着塑造灵魂、塑造生命、塑造人的时代重任，是教育发展的第一资源，是国家富强、民族振兴、人民幸福的重要基石。"任何一所学校发展都离不开教师队伍的发展，进行教师队伍建设是学校工作的重要内容之一。不同学者依据各自的评判标准将教师分成不同的类型。"名师"数量的多少已经成为当下一些学校进行比拼师资队伍水平的重要指标。然而，不能正确对名师内涵加以解读，势必会导影响其应用的功能性，所以立足内涵的正确解读，抓住其所具有的具体特征梳理出相关的培养策略，这是非常重要的。本章立足于四平市第二实验小学名师培养实践，结合相关文献对上述内容进行回答。

第一节　教师类型的解析

笔者认为要研究名师，首先要知晓教师的基本类型，这有利于教师准确地自我定位。如何对教师进行分类，不同学者按照自己的分类标准，给出了不同的答案。综述国内外学者对教师类型的划分，本书就当下讨论比较多的几种教师类型加以综述，供读者参考。

一、专家型教师

专家型教师一般都具有教学专长，具有丰富合理的知识结构以及高效的问题解决能力和敏锐洞察力，在专业知识方面专家型教师运用知识能力较强，在其所专长的领域中能够在较短的时间内完成更多的工作。具体而言，专家型教师不同于其他类型教师主要表现在三个方面："第一个不同的方面是关于知识，专家不仅要有所教学科的知识、如何教的知识以及如何专门针对具体要教的内容施教的知识，而且还要具有从事科学研究方面的知识，尤其在专家擅长的领域内，他运用知识比新手更有效；第二个不同的方面是关于问题解决的效率，专家与新手相比（在专长领域内），能在较短的时间内完成更多的工作；第三个不同的方面是洞察力，专家比新手（同样也是在专长领域里）有更大的可能找到新颖和适当的解决问题的方法。"

美国斯滕伯格把专家型教师称为有教学专长的教师，他在其他领域有关专家行为的心理学研究基础上，提出专家型教师的特征有三条：

第一条：将更多的知识运用于教学问题的解决。这些知识包括所教学科的内容知识、一般教学法知识、与具体教学内容有关的教学法知识以及教学得以发生的社会和政治背景知识。

第二条：解决教学问题的效率高。能在较短的时间内完成更多的工作，或者明显只需要较少的努力。秩序化的技能使得他们能将注意集中于教学领域高水平的推理和问题解决上。在接触问题时，他们具有计划性且善于自我觉察，时机不成熟时，他们不会提前进行尝试。

第三条：富有洞察力。能够鉴定出有助于问题解决的信息，并有效地将这些信息联系起来。他们能够通过注意，找出相似性及运用类推来重新建构手边问题的表征。他们能够对教学问题取得新颖而恰当的解答。

二、学者型教师

学者型教师是指"以自己的学科性质特点为基础，研究自己的教学个性，形成自己独特的实践操作体系、教学思想或教育理论，以及完整的教学体系、教学风格和流派"的教师[①]。百度上有人将学者型教师界定为："学者型教师是知识、智慧和教养的化身：语言文雅，充满真理和热情；感情高雅，充满亲切和诚意；行为秀雅，自然而充满活力，民主、平等地与学生进行交往，以端庄大方、真诚亲切的教态，向学生传输自己的爱心、耐心和公正之心。"从这一界定中不难看出学者型教师所具有的魅力。

赵新平认为学者型教师要有自我发展和自我超越意识，进行探

[①] 赵新平.学者型教师——21世纪教师的新形象[J].教育理论与实践，2002(4):62-63.

研式学习，获取教学专家技能，学会创造性反思，构建多元化知识结构①。一位从师范院校毕业的青年教师来说，要成长为学者型教师需要经历"适应、分化定型、突破和成熟"阶段。

三、研究型教师

苏霍姆林斯基说过："如果你想让教师的劳动能够给教师带来一些乐趣，使天天上课不至于变成一种单调乏味的义务。你就应当引导每一位教师走上从事研究这条幸福的道路上来。"张新翠在《我们离研究型教师有多远?》一文中阐述："新课程要求学生在教师的指导下自主完成探索性实验、独立进行科技制作、研究一些新科技问题并完成相关的科研学习报告、进行社会调查以及扩展性学习等多项课题研究工作。学生开展课题研究工作成败的关键取决于教师对研究课题的内容、过程、方法以及相关综合信息的熟悉和掌握程度。因此，要想有效地指导学生开展课题研究工作，我们中学教师必须角色转变，由'教书匠'转变为'教育家'——教育教学问题的研究者，即研究型教师。"②温勇和宋广文两位认为研究型教师是"指具有深厚的理论素养、丰富的专门知识和一定的研究能力，不断运用先进的教育思想和理论指导实践，始终带着敏感的研究意识在教育实践中自觉地发现问题、分析问题、解决问题，不断反思并富有创新精神的教师"③。施莉认为研究型教师的能力体系主要由实践反思能力、教学监控能力和

---

① 赵新平.学者型教师——21世纪教师的新形象[J].教育理论与实践，2002(4):62-63.

② 张新翠.我们离研究型教师有多远?[N].中国教育报,2004-06-17.

③温勇,宋广文.研究型教师及其发展研究[J].中国教育学刊,2006(9):69-73.

教学探究能力所构成①。

四、创造型教师

德国教育家第斯多惠特别强调:"教师本人是学校里最重要的师表,是最直观的最有效益的模范,是学生最活生生的榜样。"叶澜教授曾经明确说过:"没有教师的生命质量的提升,就很难有高的教育质量;没有教师精神的解放,就很难有学生精神的解放;没有教师的主动发展,就很难有学生的主动发展;没有教师的教育创造,就很难有学生的创造精神。"

美国学者史密斯认为,所谓创造型教师,是"指善于吸收最新教育教学成果,并创造性地将其运用于教育教学之中,能充分体现自己的个性特色,有独到见解,能够发现行之有效的新的教学方法的教师"。创造型教师具有以下特点:

a.具有创造性;

b.强烈的求知欲;

c.研究兴趣大于教学兴趣;

d.能营造创造性的班级气氛;

e.宽容和理解的态度;

f.经常与学生一起学习,并保持与学生的个别接触;

g.创造好的学习环境;

h.创造性地评价学生。

日本学者恩田彰则从创造型教师的特征加以界定:

a.善于诱发学生的动机和及时给予评价;

b.善于使学生自发地学习和发挥他们进行研究的主动性;

---

① 施莉.研究型教师的能力构成及其培养[J].宁波大学学报(教育科学版),2001(5):50-53.

c.善于组织激发学生求知欲的学习环境；

d.善于提出适当的课题不使学生气馁；

e.善于创造令人感到温暖的互相谅解和理解的气氛；

f.善于尊重学生个人的独立性；

g.善于引导学生独立思考，让学生自己去形成概念；

h.善于创造性地组织小组学习；

i.善于建立与各类专家协作的体制，借助社会力量发展学生的创造力。

张景焕等在《创造型教师》一书中提出创造型教师的根本特征不仅表现在自身的创造性行为上，更主要表现在其教学行为对学生创造力发现的激发与促进方面，表现在对学生创造力的认可、接纳、赏识、激发上。课堂教学中，如果教师过多地表现自身的创造性，可能会抑制学生创造力的发挥。创造型教师善于将自己的创造性转化为学生创造力的形成，从而引导学生的思维活动和迁移能力的发展，使学生在活动中接受思维和能力训练，培养和提高学生的可持续发展学力，让学生在问题解决中学会学习，学会思考，学会创造。成长为创造型教师，既是教育过程，又是教师自我发展的过程，更是动态的、艰苦的人生实践过程。创造型教师的成长，是教师个体与环境相互作用的结果，是客观环境和主观因素共同作用的产物。

第二节　名师定义与内涵

好教师、优秀教师、骨干教师、名教师等已成为当下社会关注的热点，同时成为教育系统内部资源争夺的焦点。而对政府和教育主管部门来说，如何加快优秀教师的选拔和培养，在短时期内扩大骨干教师的数量，提高教师队伍的整体素质，成为一项紧迫的任务。正是在这样的社会发展和教育变革的大背景之下，"名师工程"作为一项旨在选拔和培养中小学优秀教师，提高教师队伍整体素质的社会工程应运而生。

一、名师定义

所谓名师，广义上可以理解为社会各界影响广泛并拥有追随者和知名度的杰出人才。狭义上，则特指教育人才的精英、教育工作者的杰出代表、教育理论的创立者和教育实践的带头人。简言之，名师是指包括广大优秀教师在内的教育界的名家和大师。

二、名师分类

我国的名师从服务学校的层次可以分为高等教育名师、中等教育名师、小学教育名师、幼儿教育名师；从名师的层次看，我国的名师分为校级名师、区县级名师、地市级名师、省市级名师、国家级名师以及国际名师。

三、名师内涵

"名师"的概念从其定义本身来看，更多地体现出教师的外在功能和社会性特征，是把名师作为社会生活和教师群体中的一个特殊对象，从其与社会成员和其他教师的关系的角度来把握，或者说是从优秀教师在社会生活中的理想形象来看待的。由此可见，以上关于教师专业形象的概念是指向教师内部素质的，属于特征取向；"名师"概念则指向教师外部影响，属于社会取向。

"名师"作为"著名的老师"，也是一个在社会生活中使用相当宽泛的概念，不独教育领域广泛运用，即使在体育、戏剧、摄影、书法、绘画、音乐、医学、建筑、服装设计等诸多领域，也被非常普遍和频繁地使用。因此，从这个意义上来说，"名师"应该泛指"社会各界影响广泛并拥有追随者和知名度的杰出人才"。仅就教育领域而言，"名师"特指教育人才的精英，教育工作者的杰出代表，教育理论的创立者和教育实践的带头人。狭义的名师是包括广大优秀教师在内的教育界的名家和大师，是教师队伍中那些为数不多却成绩卓著的优秀人士和杰出人才，他们所代表的也是教师个体专业成长和教师队伍建设的目标状态和理想境界。一个教师，也许你什么名声什么名誉也没有，但如果你教过的学生几十年后还记着你，觉得是你影响着、导引着他（她）的一生，你就是名师！

第三节　名师的基本特征

名师，第一，是教师；第二，名师具有一定的知名度；第三，名师具有一定的美誉度；第四，名师具有一定的认可度；第五，名师具有一定的影响度；第六，名师具有较高的教师专业素养；第七，名师具有一定的创造性；第八，名师具有突出的成就；第九，名师是在教育领域中自然而然形成的。

一位教师之所以成为名师，其身上必然有不同于一般教师的特征。基于多年对教师的观察和相关研究文献的梳理，本书将名师身上的基本特征进行了梳理：

a.将复杂的教材教得简单。

b.把难学的知识教容易。

c."跟"着学生走。

d.教师"悠闲",学生忙。

e.喜欢听到学生的独立见解。

f.喜欢问:"你是怎么理解的?"

g.心里始终装着学生。

h.更多的时间留给学生。

i.敢于让学生质疑问难。

j.关注学生的思维方法。

k.尊重并珍惜学生已有的知识水平。

l.重视问题的思维价值。

m.把教后反思当作课堂的延续。

n.引导学生联系课本表达自己的思想。

o.让学生去发现、纠正老师讲授的错误。

p.为学生搭建展示的舞台。

q.抓重点、抓关键。

r.教方法、教习惯。

s.教出自己的风格。

t.吸收优秀教法的思想精髓,并灵活应用。

u.善于发现学生的创新思维,及时点燃。

v.期待学生潜心读书后的深度思考。

w.作业卷子当天批、当天评、当天改。

x.关注后进生,课下个别辅导。

y.根据学生的学习水平分类布置作业。

虽然所列出的不能完全代表名师身上的基本特征,但是可以让我们对其有基本的了解。与一般教师相比,名师的上述特征非常明显，这些内容也非常值得一般教师加以揣摩。

例如，说名师具备将复杂的教材教简单的能力特征，这一点非常具有代表性。教学实践中，我们会参加不同级别、不同类别的教研活动，在听课的过程中也会因一些教师巧妙地化解教材的复杂化问题而倍加佩服。与这些教师相比较，一般教师就略显逊色，其主要表现在教材处理的机械化上。名师的另一个特征，即把难学的知识教容易也是同样的道理。具备这两个特征并非易事，是教师在不断实践中加以总结，在失败之后加以反思，在持之以恒的坚持中最终完成蜕变。

名师在教学过程中会"跟"着学生走，一般普通教师却是牵着学生走，二者的不同就是教师教育理念上如何看待课堂教学中学生的地位、教师的角色。随着教育改革的不断深入，教师教育理念的更新是迫切要求之一。名师的名就在于洞察教育变化的能力，就在于自我更新理念的能力，就在于教学实践中的快速执行能力。

有学者这样评价一个名师，一个名教师的课堂教学，教师处于一种"悠闲"的状态，真正忙的是学生。那么，对比而言，看看其他教师的课堂教学，经常会听到类似"这节课真累！""嗓子都冒烟了！"等等，这些信息的背后就是教师课堂上从头到尾忙个不停，而学生对知识或技能掌握了多少，真不好说。

喜欢听到学生的独立见解、喜欢问："你是怎么理解的？"心里始终装着学生，更多的时间留给学生，敢于让学生质疑问难，关注学生思维方法，尊重并珍惜学生已有的知识水平，重视问题的思维价值，把教后反思当做课堂的延续，引导学生联系课本表达自己的思想，让学生去发现、纠正老师讲授的错误，为学生搭建展示的舞台，等等。这些都是区别于一般教师的重要特征。

第四节 名师成长基本策略

教师队伍建设是学校内涵发展、均衡发展、可持续发展的不竭动力,教师队伍的发展是学校发展的根本。基于多年的学校管理和相关文献的研读,本书对名师培养进行了如下策略或者说途径的梳理,仅供读者参考。

一、获取动源

事物发展是内外因共同起作用的结果。内因是事物变化发展的根据,外因是事物变化发展的条件,外因通过内因而起作用。

取经途中,唐僧、孙悟空、沙僧能够做到不腐败,归根到底是内因起根本作用。唐僧是因为一心向佛,四大皆空,能够做到"富贵不能淫,贫贱不能移";孙大圣是石猴,无七情六欲,是以视金钱美色如粪土;沙和尚则因性格因素,怕伸手而被捉,故能洁身自好。猪八戒之所以没犯原则性错误,其师父的谆谆教导和孙猴子的严密监督这样的外因起到了十分重要的作用。但外因的作用再重要,也必须通过内因起作用。正是由于唐僧苦口婆心的教育开导,使猪八戒自身树立了许多正气,使得其虽然屡犯小错误,却能够抵御诸多诱惑,在大是大非面前把持自己,继续迈开西行的步伐,终成正果。

动机是推动一个人进行行为活动的内部动力,是决定人们"干得如何"的首要因素。近代的动机理论中比较有代表性的主要有本能论、精神分析学说、驱动力学说、认知论等。这些理论从不同的维度分析了动机的产生和影响人的行为。在教育领域中，教育研究者们更为推崇的是马斯洛的需要动机论。在马斯洛看来任何一个合理的动机理论都必须考虑到个人是一个统一的、有组织的整体，动机的研究在某种程度上必须是人类的终极目的、欲望或需要的研究，动机是复杂多样的，动机是连续不断的、无休止的、起伏的。

基于上面的这些理论，培育名师首先要做的就是如何激发动机。教师之所以能够奔着名师的目标努力，必然要其有一定的动机发挥着作用。就学校管理者而言，制定与实施相关激励性政策、制度是培育名师的主要途径和手段。如，《四平市第二实验小学骨干教师评选与管理细则》和《四平市第二实验小学名师培养方案》。

附：四平市第二实验小学骨干教师评选与管理细则

一、骨干教师的申报条件

申报学校骨干教师应具备下列基本条件：

1.坚持四项基本原则，认真执行党和国家的教育方针；爱岗敬业，教书育人；遵守社会公德，在校内校外为人师表。近两年年度考核达到合格等次。

2.积极参加继续教育学习，教育观念及思想先进，学科专业素质过硬。获普通话合格证书，计算机等级证书，能熟练运用现代教育技术辅助教学。

3.积极承担校级以上科研课题，在教科研活动中能发表独到的认识和见解。

4.有一定的教育教学经验，教学效果好，优质课或论文、教案获学校二等奖以上。

5.具有较强的科研意识，达到以下条件之一：（1）有两篇论文在市级报刊公开发表（300字以上）。（2）有一篇论文或教案在市级以上学术会议上交流或者获市级奖。（3）有一篇教案在市级以上刊物刊登。

6.重视学生思想政治工作，全面关心学生发展，组织学生参加学校各项活动综合成绩在二等奖以上，或者获校级以上优秀班主任、优秀德育工作者称号。

二、骨干教师可享受的权利

1.骨干教师是学校授予的教育教学荣誉称号，按有关政策平均每月享受15元学习补贴。

2.在年度考核中，同等条件下，骨干教师优先考虑评优。

3.骨干教师在聘用以及外派学习时优先考虑。

4.同等条件下，骨干教师优先晋升职务或者越级晋升工资。

5.区级骨干教师的推荐从校级骨干教师中产生。

三、骨干教师应履行的职责

1.积极参加学校教育教学改革，承担校级以上科研课题。

2.认真制订专题实验方案和阶段性工作计划，按方案实验，及时进行阶段性总结，并做好实验资料的搜集，数据的整理及归档工作。

3.按时参加课题组活动，并做好相应的准备工作。

4.每学期承担校级研讨课（含班队活动）不少于一节，每年向学校交两篇有价值的论文，有一篇论文在市级刊物上公开发表（300字以上）。

四、骨干教师的评选与管理

1.骨干教师的评选采取教师个人申报、年级组推荐、学校考核相结合的办法实施，每学年评定一次。（教师个人申报时间为每年

9月。)

2.学校成立骨干教师评审委员会，负责骨干教师的评选与管理。

3.课题组负责人优先评比骨干教师。

4.学校各年级组均应有一定比例的骨干教师，并与文明室组的评比挂钩。

附：四平市第二实验小学名师培养方案

学校的中心工作是教学，教学质量的高低关键是教师，没有一流的教师队伍，就没有一流的教育质量。因此，建设一支面向二十一世纪教育的高素质的教师队伍是教育发展的客观要求。根据上级有关精神，结合我校实际，现制定《四平市第二实验小学名师培养方案》。

一、培养目标

力争使学校3%~5%的教师成为教育思想端正，教育教学方法先进，基本功扎实，专业理论雄厚，敬业精神、工作责任感强的教书育人能手。

二、要求及考核条件

1.坚持四项基本原则，忠诚党的教育事业，爱岗敬业，勤奋工作，遵纪守法，作风正派，为人师表。上年度考核为优。

2.教育思想端正，职业道德高尚，严于律己，努力奉献，积极参加政治理论学习和继续教育，具有较强的专业知识和技能，坚持德育为首，教书育人，全面关心学生成长，工作成绩突出，教学效果在本校名列前茅，抽考、汇考位居前列。

3.坚持全面执行党的教育方针，努力实施素质教育，大胆改革，勇于实践，教育科研论文在本市同行中有一定影响。

4.每学期承担校级以上研究课、示范课1~2次。参加市优质课比赛获奖，辅导学生竞赛获市二等奖以上。

5.积极参加教研教改，学期听课节次在15节以上。

6.有较强的参与意识，团结协作精神强，能带动本学科教师进行教研教改。每学期有数节本人或经指导的公开课和教研课在校内外展示。

三、产生办法

采取民主推荐和学校考核相结合的方法产生。每学年度结束或下一学年度开始进行考核，产生出下一批，可连续担任，滚动培养。

四、培养措施及待遇

1.每学年度平均为每位学科带头人提供100元以上的资料费或培训费。

2.工作中压担子，鼓励学科带头人在工作中大胆创新，尽快成熟。

3.努力创造条件，给予学科带头人优先外出学习的机会。

4.在评职、评先中，学科带头人优先待遇。

二、学会思考

陈大伟教授曾经在《人民教育》2010年第24期上刊发了一篇《人因思而变》的文章。这篇文章引起了广大教育工作者和研究学者们的共鸣。本书将其精华部分加以列举，希望可以引起读者朋友们的深思。

陈教授在文章提出，促进教师专业发展更有效的做法在于引导和促进教师思考。世界上唯一不变的是变化。山因势而变，水因时而变，人因思而变。人因思想而伟大，教师因思想而与时俱进。促进教师专业发展，更有效的做法在于引起他思想，促进他思想。一个乐观的假设是：如果教师们都在积极主动地研究和发现自己的更合理更有效的教学实践，那教师的专业发展和课堂教学改革都可以有一个理想的预期①。

波斯纳认为："教师成长=经验+反思，没有反思的经验是狭隘的经验，至多只能成为肤浅的知识。如果教师仅满足于获得的经验而不对经验进行深入的思考，那么他的教学水平的发展将大受限制，甚至有所滑坡。"

作为名词，经验是一种结果，是经历某事以后获得做某事的知识和技能；作为动词，经验是一种行动，是获得知识和技能的过程。经验获得需要实践，但有实践未必就一定能获得经验。例如，有些工作三四年的老师比工作一二十年的老师更会教书。这就说明工作很长时间的教师依然缺乏有效教学经验的观察与反思，尽管有了形成经验的丰富材料——"行动"和"结果"，但缺乏建立"行动"和"结果"之间联系的主动性。由于缺乏获得经验之思，他们既没有从教学经历中获得"教"的知识与技能以改进自己的教，也没有获得"学"的思考，无法帮助和指导学生更好地去学。

获得经验需要主动进行获得经验之思，这是教师成长的一个基本的条件。陈大伟教授对于反思给出如下答案：

（一）反思之思

经验是基础，但未经反思的经验可能是肤浅、狭隘和错误的。如果说经验的对象是行动和行动结果，经验的目的在于认识其间的关系，获得初步的经验的话，反思的对象则是经验。反思的目的在于审视和批判经验，使经验变得合理而有效。改造经验的思

---

① 陈大伟.人因思而变[J].人民教育,2010(24):34-35.

考就是反思经验之思。

"井底之蛙"故事中，如果我们把"天不过井口那么大"看成青蛙的经验，要改造这一经验，从井里跳出来观察不失为一种有效的途径。现在的问题是，青蛙何以想到跳出井口？在这里，小鸟就成了推动者，是小鸟的"天大得很"引起青蛙对原有经验的怀疑。我们不把小鸟看成正确意见的提供者，因为小鸟也未必指导真正的"天"，这里的小鸟只是不同于青蛙原有经验的新经验提供者。由此看反思的条件，反思需要"小鸟"提供不同经验的刺激和对照。仅有"小鸟"的新经验远远不够，在小鸟的"天大得很"面前，如果青蛙坚持"我坐在井里，天天看到天，我是不会错的"，它就不会跳出自己的"井"，也就难以对原有经验保持审视和批判的态度。

（二）哲学之思

对教育根本问题进行终极的价值追问是教育哲学之思，经验之思和反思之思固然重要，但对为什么要运用这些经验，如何统帅自己的经验的思考更为根本。比如，天天和学生打交道，我们不妨问一问：什么是学生？学生学什么？教师教什么？对这些问题进行追问，找到了这样的答案：狭义的学生是在学校里，在成人和老师的帮助和指导下，学习生存的本领，获得生活的智慧，体验生命的意义、价值和尊严的人；学生到学校里来是学"生"的，而不是学"考"的；教育是"育人"的，而不是"育分"的。

（三）类比之思

类比之思主要是思考者通过联想和类比的思维方式，实现由此及彼的思考。比如，揠苗助长本说农业生产中的事：苗有苗的生长规律，助长如果采用了揠的方式，就违背了苗的生长规律，其结果是南辕北辙、贻笑大方。在教育教学的实践中，如果违背了儿童身心发展的规律，急功近利，其效果也会适得其反，欲速则不达。

想必读者朋友们读完上述内容之后，会对教师学会思考的重要性有一个深刻认识。教师的工作具有非常强的职业性，他不同于医生，也不同于律师，立足自身学会思考是每一名教师都必须要学会的能力，应该养成这种习惯。

心理学家弗洛伊德将人的性格结构划分成自我、本我和超我，其中自我是最低层次是原始的按快乐原则活动，而超我是最高层次，是完美的按道德原则活动，本我是介于两者间的层次是两者间的联系。

名师教师的发展也可以将其划分成：自我段、本我段和超我段。这个超我段就是如何突破专业发展的高原期。一些教师在取得一定成绩以后，往往会出现自我满足，故步自封。相反，一部分老师继续进取，勇于突破自我。很显然，只有走出"高原期"的教师才会最终成为名师。教师突破专业发展高原期的关键是在教学的理性发展上下工夫，通过理论来指导自己的教学实践行为，或是以自己的悟性为条件，以自己的教学实践为基础，通过系统的反思来创造出属于自己的理论。

三、拓展路径

有两只老虎路过一片肥美的草地，其中一只老虎见这里的环境优美，便留恋起来。另一只老虎劝说："这里虽然景色不错，便不见一只牛羊，它根本不适合我们的生存啊。"那只老虎不听，在草地上居住了下来，结果没几天就饿死了。

上面的这个故事告诉我们，联系是事物存在和发展的前提和基础，失去了与周围事物的联系，也就失去了自身存在和发展的条件，别人的天堂也许就是自己的地狱。

一线教师通往名师成长的路径可以粗略地分为两条：一条是教学实践路径，即在教学实践中萌生自己的教学主张，借助理论学习，边做边学，边实践边研究，不断改进和完善，形成自己的独特的教学思想和教学方法，从而达到名师的标准。另外一条是理论研究路径，即通过开展相关课题研究，撰写相关学术论文，通过提出自己独有的教学假说，借助先进理论和大量的实验加以验证，完善和发展自己的教学主张，进而形成自己独有的教学思想和教学方法，最终向名师要求靠拢。

四、强化创新

毛毛虫有一种天生的习性，就是第一只到什么地方去，其余的都会依次跟着走。它们整整齐齐排成一行，后边的一只跟着前面的一只，不论前一只怎样打转或歪歪斜斜地走，后面的都会照它的样子做，无一例外。这是因为第一只毛毛虫边走边吐一条细丝，第二只毛毛虫就踏着这条细丝前进，同样会吐一条细丝加在上面，类推下去，就成了一条毛毛虫大道。每一队毛毛虫不管队伍长短总有一只做首领。为什么能做首领，这完全是偶然的，不是大家选举的，也不是由谁来指定的。今天可能是这只，明天可能是那只，没有一定的规则。

有一位生物学家做了个有趣的试验。他把十几条毛毛虫放到花盆的边上，花盆的四周布满了菜叶，花盆的中央是枝叶茂盛正在盛开的鲜花。毛毛虫队伍形成了一个封闭的圆环。它们自动地等距离分布，速度相同，步调一致，就像一支训练有素的士兵绕着花盆边沿做起了匀速圆周运动。

一小时过去了，两小时过去了，三小时过去了……它们的队伍还是那样整齐，没有一只掉队，也没有一只偏离轨道。它们走得那样认真，那样整齐，真让人称奇。八个小时过去了，它们可能是太劳累了，前进的速度有些放慢，队伍开始走走停停。晚上天气逐渐变凉，又饥又渴的毛毛虫们只好停顿下来，卷作一团，昏昏欲睡。

第二天气温逐渐变暖，它们慢慢地苏醒过来，又自动排好队伍开始在那里绕圈子。就这样，它们日复一日地重复着如此简单的运动，竟没有一只发现这是一个严重的错误，没有一只能离开这个可怕的骗人的怪圈子而闯出一条新路。数天的奔波它们不吃不喝，这些可怜的毛毛虫最后无一幸免地累死在花盆的边沿上。

这个故事告诉我们：其实很简单，只要它向里一拐就能吃到嫩绿的叶子和芬芳的鲜花，向外一拐掉在花盆下就能吃到丰盛的菜叶，应能逃脱这可悲的下场，但它们就是做不到。可能是生理原因或智商太低，这无可厚非。但是，作为万物之灵的人类也会上演如此循规蹈矩、盲目从众的闹剧，这就耐人寻味、令人深思了。我国几千年的封建思想残余束缚了人们的头脑，使人们产生从众心理，严重缺乏创新意识。名师的成长不能缺失创新，我们所提倡的不是否定传统，而是基于传统优化下的主动创新。成为名师就要大刀阔斧地对自己的过去、当下进行剖析、诊断，找出影响自身发展的症结并加以对症下药。

创新思维最大的敌人是习惯性思维，也叫思维定势。所谓思维定势就是按照积累的经验教训和已有的思维规律，在反复使用中所形成的比较稳定的定型化了的思维模式。思维定势使人们在认识事物的时候自然形成一种固定的倾向，从而影响正确的分析判断。思维定势有时能帮助我们快速认识和理解事物，但又可能成为束缚创造性思维的枷锁。思维定势容易使我们产生思想上的惰性，养成一种呆板、机械、千篇一律的习惯[①]。所以，在名师成长过程中我们要突破思维定势。

五、更新理念

一个木匠做得一手好门。他给自己家做了一扇门，他认为这门用料实在，做工精良，一定会经久耐用。过了一段时间，门的钉子锈了，掉下一块板，木匠找出一颗钉子补上，门完好如初。不久又掉了一颗钉子，木匠就换上一颗钉子。后来，又有一块板坏了，木匠就又找出一块板换上。再后来，门闩坏了，木匠又换了一个门闩……若干年后，这扇门虽经无数次破损，但经过木匠的精心修理，仍坚固耐用。木匠对此甚是自豪：多亏有了这门手艺，不然门坏了还不知如何是好。忽然有一天，邻居对他说："你是木匠，你看看你家这门！"木匠仔细一看，才发觉邻居家的门一扇扇样式新颖、质地优良，而自己家的门又老又破，满是补丁。木匠明白了，是自己的这门手艺阻碍了自家"门"的发展。

这个告诉我们，面对全新变化全新的世界，要有勇气、有决心打破关住自己的这扇"无形门"，及时反思和提升自己的"手艺"，这样才能更多看到外面美丽的风景。

新课程改革以来，无论是教育主管部门、机构，还是相关的专家、学者，都认为应该进行课程改革，也都在努力推行新课程改革理念，并对教师也做出了许多相应的贯彻新课程理念的要求。广大教师在新课程改革里经过学习和培训，传统的课程观已经有了很大的改变，逐步建立了现代的课程观。但是，一些教师在传统课程理论的束缚下改变得还不够彻底，如教学行为不自觉、不

---

① 国家教师资格统一考试规划教材编写组.面试实战演练[M].北京:现代教育出版社,2015:150.

彻底，浮于表面，有时甚至是做做样子，应付了事。

　　课程观是每一个教师都会有的，是教师在长期的教学实践和学习过程中，逐步形成的对课程的理解和感悟。教师对课程的理解和感悟会反映在自己平常的教学行为中，是一种具有个性化的哲学思想。教师课程观带有一定的时效性，是某一个阶段对于课程的认识和理解。因此，教师课程观是指一种带有明显的阶段性教育精神，能够对教师教育教学行为产生影响的课程观念，是教师长期积累起来一种教育教学信念的总和，是能够对课程设置、实践产生影响的信念体系。教师课程观包括了教师对课程的价值、本质、构造、范围、设置等问题的看法，还包括了教师对教师和学生之间的关系、课程实施过程、教学方式和方法等现实问题的想法。课程观的正确与否、科学与否，会对教师现实的教学行为的效率和效果产生直接的影响。

　　课程一般可以分为下面几个种类：计划类、教授类、考试类、学生学习类。这几类课程在具体的执行过程中不是单独存在的而是相互联系、相互作用的，但是它们在课程实施过程中所占的执行比例是不一样的，之间的关系也是各有远近。其中计划类、教授类、考试类这三种课程关系较为密切，教师在平常的课程教学中也很注意把这三个方面运用起来，但是唯独对学生的学习课程不太注意。教师在教学过程中一直都比较担心学生学不好知识，害怕学生没有听懂讲的内容，就一遍一遍地讲，让学生重复地练习和记忆，也不管学生学得怎么样。其实，在我国的教育领域，教师讲、学生听的教学模式已经存在很长时间了。教师在课堂中都是以说教者的姿态出现在学生面前，完全忽视了学生的学习主体性地位，在这种被动的、无趣的学习环境中，学生对学习的兴趣越来越低，完全成了学习的机器。

在新的课程理念的影响下，有些教师也知道把学生当作学习的主体，把课堂学习时间交给学生，避免教师满堂灌而代替学生去学习。在现在的一些课堂上，教师也努力想将学习的主动权交给学生，但是在上课的过程中，有时为了加快上课进度，而催促学生快点说、快点做，完全没有耐心给足学生充分探索和思考的时间。这种做法完全是象征性地让学生参与教学中来，并没有把学生真正当成学习的主体。学生也只是被动地参与学习中，其创造性、主动性完全没有被调动起来，完全是为了配合教师而参与的。教师也处在为难的境地，如果给学生参与学习的时间，又怕完成不了教学任务。这反映了教师课程观中学生主体性观念不强的现状。

课堂教学过程是一个动态的、任何情况都有可能发生的、充满了变化的演变过程，具有不可预见性。但是，在现实情况中，教师为了顺利地完成教学任务，往往是把课堂教学方向牢牢掌握在自己手中，极力让课堂教学的发展沿着自己预先设计的教学流程走下去，只注重知识的传授，而忽略了学生的学习过程和知识的形成过程。在现实的课堂教学里，很多教师都只在乎有没有把知识点讲完，有没有进行充分的练习，对于学生有没有自己的想法、能力有没有得到锻炼和培养则完全不予理会，教师只关心学生有没有掌握好知识，至于学生是怎样把知识掌握好的，是怎样想出问题的答案的，就不怎么在乎了。其实，很多教师对于课堂教学中发生的情况和预先设计好的教学设计之间的矛盾感到很是困惑。如果顺应课堂教学中发生的情况教学，就会打破原来的教学设计秩序，就有可能不能完成教学任务；如果无视课堂教学中发生的情况，按照原先的教学设计进行教学，就会浪费掉课堂教学中出现的有利于学生发展的教学资源，阻碍学生的能力发展和兴趣的提高。实际上，教师完全不必纠结于这两者之间的矛盾，要知道课堂教学中实际发生的教学资源比教师按照自己预设的方案教学的价值要高得多，处理好课堂教学中实际发生的教学资源对于学生有着重要的教育作用。

一个人的力量是有限的，一个教师再努力，其效果也没有和学校、同事一起努力所产生的效果大。因此，教师在自己努力学习新课程理论，逐步反思形成正确的课程观的同时，要注意争取得到学校和同事的帮助，一起研究和讨论教学中遇到的问题，共同学习、共同讨论，打造出正确课程观氛围，形成良好的课程观环境，促进教师本人、学校和同事的共同课程观进步。

促进教师课程观的觉醒，除了教师要不断给自己压力，不断努力外，各个教育部门、学校也要积极出台刺激政策，激励教师不断学习课程理论，不断进行反思实践，使教师自觉形成正确的课程观，进而提高全体教师的课程观水平。

第五节　名师成长个案解析

本书从四平市第二实验小学名师中选取了10位，探究其名师成长历程中的经验与感悟。

一、王　鹤

王鹤，1976年生，1996年7月参加工作。高级教师，本科学历。国家基础教育科研骨干教师，吉林省骨干教师，吉林省骨干班主任，四平市优秀班主任，四平市优秀教师。全国班主任和谐育人大赛中荣获一等奖。文章《爱在交流日记中传递》发表在《现代教育科学》一书里。教育格言:"收获就在一路的努力里。"不断努力,不断收获,不断呈现人生路上一个又一个精彩!

【名师自析】

1996年参加工作至今,我一直担任班主任工作。22个春秋的教育历程,有辛苦、有汗水、有困惑、有感悟,然而更多的是收获,一步步从幼稚走向了成熟。

"一路努力,一路收获"就是对我专业成长的最好诠释。面对教学上的挑战,我从不会选择退缩。校内公开课,区级示范课,市级新秀选拔课,乃至省里的优质课,每一次的辛勤付出都得到了满意的回报,在领导的指导和肯定中,在同事的帮助和认可中,在学生的快乐与进步中,我谛听着自己稳健的足音在教育工作的路上前行。

2006年暑假,我代表吉林省,随同全国九十八位特级教师赶赴北京,参加教育部组织的新课程远程培训指导教师会议。会议期间作为指导教师,我在山东荣成21班的毕业典礼上讲了如下一段话:

在我们面前展开的漫漫教育征途,并非全程都是阳光普照的通衢大道,会有荆棘和坎坷,冷雨和冰霜。对以教育为己任的教师来说,我们可能会面临着更多的艰难和困惑,请大家保持沉稳和理性,去除浮躁和盲从。清醒的头脑,独立的思想,能够指引着我们教育教学乃至人生正确的航向。

教师节得知自己被评为国家优秀指导教师的那一刻，我顿生一股虚无的感觉，感觉这个荣誉距离自己很遥远，这并非是我所渴求的。我想最真实的还是脚踏实地地学习，积累，获得，提高自己的素质，丰富自己的内在。

近几年的每年八月，我都在吉林师范大学给特岗教师作报告。记得一次和学员交流的时候，他们说："王老师，听您讲教育教学的经历，我们感觉您太辛苦了，您不觉得累吗？"我说："说不累是撒谎，但是能感受到累，说明咱还活着，当我们把身心投入或融入一件事情，达到一种境界时，其实是在感受一种意义，尤其是付出之后还有成果收获的时候，那真是累得快乐，累得幸福！"

回顾自己成长的足迹，我发现最留恋的竟然是每一次的努力过程。攀爬高山肯定是辛苦的，但是当你爬上山顶，回过头再看看自己曾经踏过的路，何止是感觉上的豪迈，路程中的风雨、坎坷，那都将凝成力量，聚成收获。

【校长评析】

王鹤老师1996年入校，经过22年的教师生涯，如今的她成为学校骨干，成为一位名师。用王老师自己的话：一路努力，一路收获。在王老师的名师成长路上，努力显然是其获胜的法宝。天上掉馅饼的概率可以忽略不计，唯有努力才可成功，王老师在22年的工作中就是这样要求自己，就是这样加以践行的。王老师的最后一句话讲得非常好："攀爬高山肯定是辛苦的，但是当你爬上山顶，回过头再看看自己曾经踏过的路，何止是感觉上的豪迈，路程中的风雨、坎坷，那都将凝成力量，聚成收获。"是啊，名师的成长就如同爬山，当中会出现各种意想不到的问题，有时你会因面前的岔路口不知如何选择，有时你发现自己错路已经走了很远，可是当战胜了所有的不利，走到了目标终点，我们再回过头，还有什么是不可以解决的问题呢?!

二、苗 雨

苗雨，1979年出生，1999年8月参加工作，本科学历，小学一级教师，中共党员，省级骨干教师，市级优秀教师，优秀班主任，教学精英。曾在全国班主任和谐育人大赛中获二等奖，市语文教师基本功大赛一等奖。发表的论文有《让学生在有效的语文教学中快乐学习》。教育格言：成功的教育，是让学生在快乐中学习，在学习中成长，成长中收获希望。

【名师自析】

有句俗话说得好："不想当将军的士兵不是好士兵！"是的，从我走进第二实验小学的第一天起，就幻想着自己能成为一名优秀的教师。那些市级、省级、国家级的老教师们是我仰慕的对象，像他们那样拥有高深渊博的知识，灵活驾驭课堂的能力，良好深厚的道德修养，潇洒从容地站在公开课的讲台上，是我梦寐以求的理想，为了这个理想，我奋斗了十八年。没有人能随随便便成功，风雨之后才见彩虹。名师被光环笼罩着，身边充满了鲜花和掌声，被别人赞扬和仰视，但是当自己也加入这个队伍之后才明白，自己所付出的辛劳，奋斗的过程，坚持的信念，得到的收获，只有当事人才能体会。从一个初出茅庐的"新手"，成长为"省级"骨干教师，确实经历了漫长的一段岁月。自己如何成长起来的，总结起来有以下几点：

第一，积极参与、抓住机会。无论是以前做副班主任的时候，还是现在做班主任的时候，自己的工作热情都特别高，什么事儿都愿意参与，什么活动都乐于参加，而且乐此不疲；无论是哪位领导布置的工作，我都能尽心尽力地去完成。撰写论文，参加公开课，各级各类比赛，带领学生参加少先队活动，我都从不推辞，认真地做，动脑去想。因为，我不想错过任何一次锻炼自己、锻炼学生的机会。无论是哪方面的活动，都想尝试一下，挑战一番，因为每一次活动都是提高自己业务能力的一个途径，是一次检验，也是一次修行。虽然辛苦，但受益匪浅，正所谓"宝剑锋从磨砺出，梅花香自苦寒来"。

第二，厚积薄发，未雨绸缪。有句话说得好："机会是留给有准备的人。"要想成为一名优秀的语文教师，自身应具有扎实的语文功底，丰富的知识储备，能言善辩的口才。课余时间，我会在家里给自己充电：读书、看报、练书法、背古诗等。《支玉恒课堂实录》《窦桂梅课堂精彩集锦》《小学教师课堂教学技巧》等书总是摆在我的床头。另外，背诵古诗词也是我的一大爱好。师范学校读书时作为基本功，就已经背诵了很多，现在无论是陪孩子背，还是工作需要，我都愿意沉浸在中华古诗词的优美韵律和高雅的情境之中。除此之外，我还踊跃参加学校的各种演讲比赛，锻炼胆量，训练口才。只有这样，才能在各种教学活动中，让自己游刃有余，从容不迫。

第三，坚持历练，收获成绩。记得最初登上讲台的时候，紧张得腿直打啰嗦，照本宣科，课堂讲解十分肤浅。归根结底是因为教学经验少，对知识挖掘得不够深入。因此，每当有机会参加公开课的时候，我都会积极报名参与。记得自己做的第一节公开课是一篇五年级课文《桥》，为了能够成功地上好这节课，教案前后改了不下七八次，板书设计绞尽脑汁，上网查资料，设计教学环节，过渡语，衔接语，评价语，每一处细节都在细细地打磨。课后请校长、主任及一线教师为我指点评课，以便自己查找不足。截止到现在，我已经做过二十多节大型的公开课，分别被评为国家、省、市、区级优质课。另外，国家级班主任大赛、市区级班主任基本功大赛，下水文大赛，正音正字大赛，数学解题大赛、思维导图大赛，众多比赛中，我都进行了参与，并取得了喜人的成绩。活动参加得多，见识就广，得到的锻炼就越多。

第四，虚心请教，博采众长。在教育教学的路上，除了自己的拼搏和努力之外，我也会向许多前辈教师请教，一个人的力量是有限的，博览众家之长，取长补短，则会让自己收获很多经验。没事儿的时候，我就去其他教师的班级去听课。别人的语言优美流畅，我学；别人的板书设计得新颖有创意，我学；别人的词汇丰富，教态自然，我学；别人的课堂没有废话，妙语连珠，我学。孔子不是说过吗，"见贤思齐焉，见不贤而内自省也"。我想：把别人的优点都学来，我不就完美了吗？

第五，积极反思，探寻摸索。作为一名教师，不能只知道讲课，而不知道反思。因为我们所上的每一节课都不是完美无缺的，甚至可以说还有很多不足和遗憾。因此，需要我们静下心来反思自己的授课过程，教学环节出现的问题、突发事件、没有达到预设目标的原因，查找不足，对症下药。再如，录完课堂实录，好好看看回放，会发现自己的问题特别多，真是把缺点无限放大了。比如爱重复学生回答说话，口头禅太多，站姿不优雅，口误，板书不规范，等等，太多了！但是发现了问题就及时改正，亡羊补牢，犹未晚也。

成绩只能说明过去，自己要走的路还很长。鲜花掌声的背后，是汗水、泪水的交织，一张张证书是用无数个难眠的夜晚换来的。学习之路是漫长的，自己还要继续不断完善与提高，成为一名研究型、科研型的教师还需继续努力奋斗。

【校长评析】

十八年的不懈努力，让苗雨老师收获了成功，也见证了"没有人能随随便便成功，风雨之后才见彩虹"。从一个初出茅庐的"新手"，成长为"省级"骨干教师，可想而知苗老师为其付出了多少。苗老师将自己成功的经验总结为：积极参与、抓住机会；厚积薄发，未雨绸缪；坚持历练，收获成绩；虚心请教，博采众长；积极反思，探寻摸索。苗老师的总结非常具体，也相当有逻辑性。当下，一些教师对于学校的各种活动（学习、职称、评优评先等）不感兴趣，采取不管不问不参与的做法。在日趋竞争激烈的教师行业，这类教师的未来注定将被淘汰。参与才会有计划，不参与永远没机会。成功的偶然性存在，但是其必然性中离不开积极的准备和韧性的坚持。历练是成功的必然，虚心更是成功的前提，而不断地反思更是成功的关键。

三、肖 微

肖微，1979年生，1998年8月参加工作，本科学历，一级教师，省骨干教师，省优秀少先队辅导员，省基础教育科研新秀，论文《如何调动学生学习语文的积极性》在《中国校外教育》上发表。教育格言：生命因阅读而幸福，教育因执着而精彩！

【名师自析】

有人说："能从事自己喜爱的职业就是幸福。"喜爱，成就了我的教师之梦，教师，成就了我的幸福人生。从事小学语文教育教学工作已经有二十个年头了，这是难以忘怀的二十年，忘不了领导的关怀与鼓励，忘不了同事的帮助与指导，忘不了学生的尊重与爱戴，忘不了家长的信任与支持。回顾自己走过的教学之路，欢乐和辛酸同行，收获与遗憾同在。每一个足迹，每一滴汗水，每一分收获，仿佛一年中美丽的四季在歌唱着我艰辛而幸福的成长之路。

春的希望——在磨炼中成长。

从小，受当中学教师的父母双亲的影响，很喜欢，也很崇拜老师，希望自己有朝一日也能与父母一样，在教育的战线上与他们比肩而立。为了实现自己的梦想，我勤奋刻苦、努力学习。在中考志愿表上毫不犹豫地填上了"梨树师范"这四个大字。在如愿考上师范的日子里，我也没有松懈，而是争分夺秒地完善自己，生怕自己不能胜任教师这一神圣的职业。四年的师范生活，我也收获到了自学的专科、本科学历。

1998年8月，我踏入了八一希望小学，成为一名语文教师。昔日的梦想变成了现实，心中的喜悦就如初春里发芽的种子那样充满希望，令人神往……那时正值新课程改革之时，在校领导的指点与引领下，研读课改书、撰写案例反思让我不断更新观念，坚定前行的脚步。2000年6月，铁西区教育局教研室、教师进修学校举办了铁西区小学同一课识字教学研讨活动，对于刚从教不到两年的我来说，这次研讨活动是提升自我，展示教学理念的机会，我格外珍惜。在那节《雷雨》的教学中，我运用了雷声雨声的情境录音导入新课、声情并茂的范读、形象的简笔画参与板书设计等教学形式，荣获了我教学生涯中的第一个奖项——最佳课。其实，我深知自己此次的成功有多不易，自获知参加研讨活动的消息后，我满脑子都是怎样把这节课讲好，设计的思路一次又一次推翻、修改，卧室的那堵墙是我忠实的"学生"，不厌其烦地听我左一次右一次试讲。这次比赛的经历，使我深切感受到了在磨炼中快速成长，因此，也坚定了我日后积极参与上级部门组织的各种活动的信念。

夏的炙热——在学习中成长。

2004年8月，我有幸调入第二实验小学，未到此校之前，就听说这是一所藏龙卧虎的学校，这里的老师都非常优秀，这番话给我了不小的压力，也点燃了我不断学习，迎接挑战的思想火花。

当今社会，各个学科理论和实践都处于不断发展之中，唯有不间断地学习才能促进专业成长，提高教学水平。我先后参加了英特尔未来教育项目的培训，国培计划（2012）中西部农村骨干教师培训项目、全国著名特级教师好课堂小学语文教学观摩活动、国培计划（2014）吉林省中小学教师信息技术应用能力提升工程项目、国培计划（2016）吉林省中小学教师信息技术应用能力提升工程项目、2016吉林省中小学班主任安全教育远程培训项目，我抓住每一次学习的机会，学习先进的教育理念和教学设计，在实践中不断消化吸收，使学到的知识由外化变为内化，直到和自己的教学风格达到完美的融合。

秋的收获——在比赛中成长。

二十年来，我珍惜每一次比赛机会，认真对待一场比赛。从市学科带头人选拔到市教学先进个人选拔到市教学能手选拔到省骨干教师选拔，从区教师基本功大赛到市班主任基本功大赛到省基础教育科研新秀大赛，从区级优质课评选到市级公开课评选到省级基础教育科研创新课例评选，是比赛让我不断成长，是比赛让我丰富了自己的教学之路，是比赛让我从一名普通教师成为一名骨干教师。

当一次次站在比赛的舞台时，我的梦想就已经悄悄地生根、发芽、抽枝、展叶，每一片叶子，都是一分坚持、一分鼓励、一分期待。经过自己辛勤的播种，我终于迎来了收获的季节。

2006年10月，在全市小学课堂教学开放活动中，我讲授的《再见了，亲人》一课被评为市级优秀公开课；2010年10月，在全市教学标兵、能手送教活动中，我讲授的《丑小鸭》一课被评为优秀示范课；2011年12月，我的课例设计经吉林省基础教育科研语文学科专家组评审，被评为全省基础教育科研创新课例小学系列特等奖；2015年6月，在省中小学（幼儿园）教师优秀微课评选活动中，我的作品《青蛙写诗》荣获小学语文组优秀奖。

每一次的比赛都倾注了我太多的心血和付出，是对教育事业的热爱之情和对教学高峰的攀登之心支撑着我，也使我懂得：成功属于锲而不舍、坚持梦想的人。

冬的等候——在实践中成长。

在我看来，自己付出的每一分汗水都是勤奋的结晶。不知疲倦的跋涉让我的青春变得厚重而美丽。在教育这块热土上，我愿挥洒我的青春，倾注我的热情，我的爱在其中，乐也在其中。

在20年的语文教学实践中，我大胆进行课堂教学改革，创造性地使用教材，灵活驾驭课堂，使学生学习语文的兴趣和能力都有了很大幅度的提高。同时为总结经验改进不足，每节课后我都及时写出课后反思，使自己的教学水平取得突飞猛进的发展。虽然我不是名师，但我正努力形成自己的教学特色：活泼柔美，用活动引领自主，以激情独树一帜。我要用我饱满的激情感染我的学生、用生动有趣的教学方式激发学生的学习兴趣、用我精心设计的真实有效的语文综合实践活动培养学生语文素养和综合能力，我欣喜地感受到我的课堂里洋溢着浓浓的学习气息。我用丰厚的学科知识底蕴、新颖有效的教学方式充分彰显了新课程理念下小学语文课堂教学的特点。课堂教学永远是我价值取向的立足点。

经历了春的希望、夏的，炙热、秋的收获、冬的等候，回首我的教学之路，我心中充溢着满满的感动，是领导的关怀与鼓励，是同事的帮助与指导，是学生的尊重与爱戴，是家长的信任与支持，让我在这条路上越行越远！"不忘初心，牢记使命"拼搏中，我不会停下自己的脚步。面对新的挑战，我将会更加倍地努力！

【校长评析】

肖微老师非常认同"能从事自己喜爱的职业就是幸福。"这句话，并在实际工作中加以践行。因为热爱教师这一岗位，所以肖老师选择了毕业之后来到四平第二实验小学任教；因为心中有爱，所以肖老师的教育教学工作中处处彰显幸福；因为心中有爱，所以肖老师对自己名师的成长时时怀揣感恩。肖老师认为自己的每一个足迹，每一滴汗水，每一分收获，仿佛一年中美丽的四季在歌唱着我艰辛而幸福的成长。春的希望——在磨炼中成长，夏的炙热——在学习中成长，秋的收获——在比赛中成长，冬的等候——在实践中成长。经历了春的希望、夏的炙热、秋的收获、冬的等候，肖老师如今实现了自己的教师梦——名师发展的梦。剖析肖老师的名师成长历程，我们可以感受到名师发展是有规律可循，并不是什么高不可攀，问题的关键要看我们自己的态度。

四、张 丽

张丽，1997年参加工作，本科学历，小学高级教师，中共党员，"吉林省骨干教师""全国十佳教师""四平市优秀教师""优秀中队辅导员"。在长期的工作实践中形成了自己的教学风格——抛砖引玉讲语文。在琅琅书声、在规范的书写中、在宽泛的健康阅读中引领学生感受中国文化的精髓，受到学生和家长的一致好评。

【名师自析】

光阴荏苒，弹指之间，我已从教二十年。在这二十年里，朝迎晨光，暮送晚霞，与学生相惜相伴，这便是我的幸福。我用执着的信念，二十年如一日的钻研完成了"华丽"转身。作为一名人民教师，我想我的幸福源自不断地学习，对理想的追寻，对业务的精益求精和无需提醒的自省精神。

第一，在我的生活中学习本身就已经成为一种生活方式。获取知识是令人愉悦的，比如：学习文史知识的目的在于温故，有文史修养的人生活在从过去到现在一个漫长的时间段里；学习科学知识的目的在于创新，有科学知识的人可以预见将来，他生活在从现在到广阔无垠的未来。假如什么都不学习，那就只能生活在现时现世的一个小圈子里，做名副其实的教书匠了。一个国家谁在看书，看哪些书，决定着这个国家的未来。作为一名教师，我们读过的书，走过的路，我们的眼界，我们的思想都藏在我们的言行中，都会淋漓尽致地展现在我们的课堂上。小学生有着极强的向师性，如果你是一个爱读书的人，那么你的学生便会把读书视为生活中不可或缺的一部分。在我所执教过的班级里，每天都有固定的阅读时间；我们师生会同读一本书；作业又好又快的学生可以到图书角自由阅读——这是我们这个群体最为"奢华"的奖赏！我是老师，我一直在不停歇地学习，带领我的学生，带动学生的家长，我们一起在经典中徜徉，我们一直在经典中成长，我们的班级充满书香。

　　第二，我也想和大家谈一谈我的教育理想。爱每一个学生是我的教育理想，爱是暖，是良药，是最好的教育方法，爱每一位学生是多么美好的理想。因此我做到了去除中国教育的急功近利，承认学生的个体差异，相信有人天生早慧也有人大器晚成，相信在教与不教之间有一个词叫守望。曾有一位高中老师这样打趣地说："我从来不敢得罪学习不好的学生，学习好的学生有一天会远走高飞，而这些学困的孩子将会留下来成为这座城市的服务者与我们生活在一起……"这虽然是个笑谈，但其中的深意不言而喻，爱每一位学生其实就是爱我们自己，它背后所蕴含的是教育的平等与自由。教育家苏霍姆林斯基曾感叹："从我手里经过的学生成千上万，奇怪的是，留给我印象最深的并不是无可挑剔的模范生，而是那些别具特点、与众不同的孩子。"是的，在我的教育随笔里，也记录了很多"别具一格"的宝贝。我还记得我的宝贝

"周周",这是一个在幼儿园里就淘得出名的孩子,他与人亲近的方式有"三":一是用舌头舔,二是用嘴咬,三是直接扑上去,直到把小朋友弄哭为止。班级里因为有一个他,便常常会乱成一团。于是从他一上学,我们俩认识开始,我们之间便开始了一场无休无止的"拉锯战",只是在这场"战役"里我知道,我的学生各个可圈可点,我们的"周周"也绝不会例外,只不过他的成长轨迹更特别一些而已,我需要给予更多的时间与耐心而已。我不仅自己接纳周周,也发动群众(周周的同班同学)一起包容周周暂时的顽劣。新学期末,周周有了明显的变化,渐渐有了规则意识和群体意识……正在我欣喜不已时,周周却因为一道题不会解而用铅笔尖儿把自己的手扎出了好几个血印,并且"扬言"下次他会直接抠眼睛……我当时也有些措手不及,也有几分惶恐,但我知道小孩子的身体会生病,在某些特殊阶段小孩子的心理也同样需要辅导,这时候老师的作用就显得举足轻重了。于是在家长的配合下我找到了产生问题的原因,我们家校共建信心,理性帮助,无论遇到怎样的困难,我们谁都没有想到过要放弃,因为我们都知道孩子的童年不会重新来过,这期间也有很多的辛酸与不易,但当看到如今的周周已长成了阳光少年,所有的过往便也都变成了美好的回忆……我总是告诉自己像周周这样的孩子就是不一样的烟火,是上帝的使者,也正是因为有了他们,我的生命才更加多彩。

第三,在长期的教学实践与探索中最终要形成自己的教学主张。因为对语言文字的偏爱,所以从教以来我一直担任语文教学工作。长期以来我把和学生的语文学习确定为三个维度。首先是"字",我要求学生写一手工整漂亮的字,工整是不可逾越的底线,漂亮则是永恒不变的愿景。其次是"面",我们师生坚持每天阅读，提倡写日记，坚持写周记，定期开展读书交流活动，拓展学生的读书面，做到读写结合。最后落点在"课堂"，我的教学主张是抛砖引玉讲语文，在我的语文课堂上课文是范例，师生合作是基调，情境教学是我的主打牌，朗朗的读书声，快速翻动的字典是课堂上永不褪色的风景，我希望我和学生的语文学习可以成为他们成长过程的一抹亮色——古典儒雅趣在其中。一位教师在与学生互动时能够做到游刃有余，那一定是幸福的！

第四，在无需提醒的自省中不断修正自己。我想真正的教育者应该是教学相长的，并且能在不断地自省中前行。我也曾有过职业倦怠期，当看到老教师的兢兢业业，当看到年轻教师的热情洋溢，我又重振士气，我觉得我有责任去传承，传承一种精神，一种应有的生命状态。我也曾因为工作太过认真而对些事情处理过于偏执，我很严苛，不懂微笑，我有很多亟待改进的地方……但吾日必三省吾身，就是在这些不尽完美的教育经历中我坚持追寻我的教育梦想，我不推卸自己的责任，我相信我可以做到更好，因为我知道我要成为教育事业的中流砥柱，发光发热，过有意义的人生，不辜负这伟大的时代赋予我的历史责任，自信地、幸福地做一名学生喜欢的人民教师！

【校长评析】

"华丽"转身用在张丽老师身上毫无疑义，也得到了全校师生的认可。剖析张老师的名师成长，其中最为重要经验就是不断地学习。其已经融入张丽老师的生活，成为一种生活方式。"活到老，学到老。"张丽老师做到了。张老师认为，作为一名教师，不但要勤于读书，而且要将读过的书用到言行中、展现在课堂上。除了不断学习之外，一位名师还要心中有爱，将爱融入教育理想之中。在张丽老师的教育理想定义中，爱是暖，是良药，是最好的教育方法。正是因为张老师将爱作为自己的教育理想，其所进行的教育教学活动才得到了学生们的高度认可，才让其在学生的心中扎根、发芽、开花和结果。在张丽的名师成长过程中，反思也成为其成功的重要因素。张丽老师总是在不断地进行自我反思，无论是面对失败，还是成功，都能及时、准确地对自己进行总结与反思，并将反思的结果用于自己自我修正的践行之中。总之，正是在上述的因素促成下张老师才完成了华丽的转身。

五、王　光

王光，出生于1974年，1994年参加工作，本科学历，高级教师，中共党员。省优秀教师、省中小学德育先进工作者、省教育系统巾帼建功先进个人，全国百名德育科研优秀家长，吉林省语文学科带头人、吉林省骨干教师，四平市语文学科带头人、四平市先进教育工作者。撰写的论文曾多次发表在国家、省市区级教育刊物上，《浅析小学语文教学的误区与反思》发表在《中国基础教育研究》2010年第7期，《心灵之花心来"浇"》一文发表在《吉林教育》上，《春风化雨催桃李　润物无声铸辉煌》发表在《四平教育》上。教育名言：教育的本质意味着：一棵树摇动一棵树，一朵云推动一朵云，一个灵魂唤醒一个灵魂。

【名师自析】

1994年7月，我毕业于梨树师范学校，来到四平市第二实验小学任教。光阴荏苒，岁月如梭，我已在教育这个行业里耕耘了二十四个春秋，酸甜苦辣中渐渐熟悉了教师这个行业，默默耕耘中也渐渐有了一些收获和心得。我由一个初出茅庐的师范毕业生成为一名省级语文学科骨干教师和省级语文学科带头人。回首这八千多个日日夜夜，回顾那经历过的风风雨雨，坎坎坷坷，虽然忙碌，虽感辛劳，但在每一节课上，我都体验着执教的幸福；每一个与孩子为伍的日子里，脸上总是洋溢着美美的笑容；每一次教学之路踏上新的阶梯，心中总是装着满满的快乐！我把自己的那一份愉悦，那一颗爱心，那一种执着都无私地奉献我钟爱的事业，我热爱的孩子们。

正如爱因斯坦所说，兴趣是最好的老师。只有热爱教育事业，才有可能搞好教育工作。父亲是一名小学校长，他以自己渊博的学识和高尚的师德赢得了全村人的敬仰，我的几位小学老师年轻有活力，有学识，经常和我们一起玩耍，这使我从小就对教师这一职业有着深深向往，我希望有一天我也能成为一名教师。几度寒暑，我走进了师范学校的大门；几经春秋，我成了一名光荣的人民教师，站在三尺讲台上。初为人师的我，体会到的除了为师的光荣和自豪，更多的是老师的劳累，早上六点起床已经太迟了，晚上回到家，心里还在记挂着学生，还要备课伏案。但每当我看到稚气可爱的孩子们快乐地学习着，看到孩子们渴求的目光，我就非常高兴，非常有成就感，我就不断地对自己说，要加倍努力，不负孩子们对我的爱。带着这种喜好和对孩子们的热爱，我走上了教师之路。因为热爱而拼搏，因为热爱而幸福，因为热爱，对教育事业抱有执着的追求，摆脱名利的困扰，坚定自己的选择，在当前"追求经济利益最大化"的环境中保持一颗平常心，甘于寂寞。热爱，是我投身教育事业的原动力，也是我坚守岗位不断成长的驱动力。

我在教师这个岗位上一干就是24年，回顾这24年来的教学之路，我深深地感受到个人成长离不开自信、钻研、毅力，更离不开学校环境和教师群体所形成的强大的精神后盾。我1994年毕业就来到第二实验小学，这是一所充满活力，催人奋进的学校。从踏上这块热土的第一天起，我就被一种和谐温暖的氛围所包围。我家在外地，和几个同事租房子住，领导和同志在生活上对我嘘寒问暖，无微不至。在工作上，更是毫无保留，手把手教。校长、主任常常听课，并认真评课、耐心指导，甚至身先士卒，为我们上示范课。记得我初登讲台时，心情既激动，又自豪。然而，俗话说得好：醉后方知酒味浓，为师方知为师难。为了上好一节课，我常常日思夜想，认真阅读各种有关的参考资料，认真备好每一个环节。有时已是夜深人静，劳累了一天后，躺在床上，但满脑子仍是问题、答案，灵感一来便忘记了疲劳，一骨碌爬起来写教案，直至满意为止，可以说相当有激情。可是由于经验不足，困难和问题不断出现，在理想和现实的碰撞中，我也曾一度陷入迷惘。这时，学校的师徒结对子工作可以说为我雪中送炭。当时，我拜袁立新老师为师，师傅第一次找我谈话，为我制定了三年规划，指导我如何备课，那时候信息技术还不是很发达，想看示范课只能用录像机，双休日师傅带我去她家一起看示范课，边看边和我一起磨课，还借给我一些有关教育的书刊。多年来，师傅的言传身教带动着我，感染着我，指导、督促、关怀、鼓励着我，我的每一点进步都倾注了师傅的无私奉献和辛勤的付出。我把这看为从教之路上的一笔财富和一生的感动。在实际工作中，我也传承和延续着这种激情和敬业。

还记得 1999 年，区里组织了班主任大赛。那时的情景和感受，现在仍记忆犹新。如果用一个词概括当时的感受的话，那就是紧张。因为比赛中既有演讲、答辩，还有才艺展示、说课，以前我对于"说课"这个概念非常陌生，对于怎样去说课，我很困惑。在比赛前的一个星期，我通过翻看教学杂志、在网上观看一些优质课说课视频，然后在反复设计自己的教学环节，并在家不停地试说，再加上其他老师们给予的好的建议，我终于顺利地并很好地完成了这项比赛；为了才艺展示更突出全面有新意，我选择了古诗配画，就是在十分钟内要完成一幅写意画和毛笔书法写的古诗，当时教美术的姜桂文利用下班时间一笔一笔教我画画；演讲环节，校长亲自为我审稿把关，听试讲提出改进意见，在那次比赛中我虽然只获得了二等奖，但学校领导为我搭建的这样一个舞台，给我的这次锻炼的机会，参赛过程中的准备练习，再加上领导同事的帮助，使我自身素质和教育教学有了一个飞跃。在我成长的路上，每当我遇到难题时，领导都会鼓励我，同事都会帮助我。所以说，第二实验小学就是我成长的沃土！

大家知道，终身学习已是一个没有争议的观点，而且在教育这个行业里，已是一个在普遍践行的观点。每学期的继续教育培训、各种形式和名目的培训在不停地充实、更新着我们的观念、改变着我们的教育教学行为。作为骨干教师，我们当然期待个人发展的外部环境越来越好，但我们更应该注意激发和保持个人发展的内部动力，所以我把每次的学习、培训"任务"当成是给自己的"礼物"，化消极为积极，使参加培训和学习时更快乐、更有效，也会使自己能更快乐、更快速地成长。为了提高课堂教学质量，我积极参与教学研究，在教学中反复实践和探索；积极向他人求教，认真钻研教学大纲及教法；广泛阅读教学参考书，并珍惜每一次去外地听课、学习的机会，汲取他们的教学经验以弥补自己的不足之处。利用假期、双休日休息时间，完成函授本科学业。坚持苦练基本功，写就一笔好字，一手好文章，在开阔视野的同时，我力争做教学工作的有心人，业余时间，积极搜集与教学相关的资料，或剪报、或录像、或制作卡片，分门别类建立起自己的"知识储备库"。我博采众长、勤于钻研，努力形成自己教学特色，争取让学生生动、活泼、主动的学习。我实施了语文教学的"快乐作文教学""一句话新闻""课本剧表演""课前成语接龙""课外阅读""优秀日记欣赏"等形式新颖的教学活动，深受学生欢迎。学习培训，是我成长的催化剂！通过学习培训，随时给自己的大脑"换水"，也使我的生活更加精彩，事业更加成功！

"要做学者型研究型的教师，这是优秀教师永葆活力的妙方。"教学之余，我也经常与同事一起探讨教育科研方面的问题，特别是进入新课改以来，无论时间多紧，无论工作多忙，我都要阅读教育书刊，及时了解教学改革的新动态，积极参与各项教育科研活动，汲取他们的教学经验以弥补自己的不足之处。撰写论文，并以此指导自己的教学工作，不让自己所教的内容成为滞后产品。十多年来，我撰写的众多教学论文公开发表，多次获得省市一等奖。主持并参与了多项国家、省、市级课题，并荣获多项优秀科研成果。教育科研，我成长的阳光雨露，让我的教学之树更加高大繁茂！

24年来，我的工作岗位不断变化，语文学科教师、班主任、备课组长、教学主任，但不变的是把自己的学识、爱心无私奉献给学生的一颗丹心常在。每一次的岗位变换，每一次的重任担当，有困难，有压力，但是我把这些转换为一种动力，当成是一次新的挑战，没做过的，不会的，从不会向领导说不，而是悄悄地、默默地学习提高，尽我所能，把工作做好。多年来，我多次承担教学示范课、观摩课，主持各种会议、比赛，迎接各级参观检查，正是这一次次承担中，压力变为动力，挑战化为机遇，如茧破蝶，但蜕变之后，又是一种重生。我感谢学校领导给我的一次次机会，为我的成长安装了转换器，使我成为今天的一名省骨干教师、省学科带头人。

泰戈尔说过："歌声在空中感到无限，图画在地上感到无限。"教师的人生只有融入教育事业才会无限。在二十四年的教育历程中，我的青春年华因为有了事业的追求而得到升华，光彩倍增；而我所从事的教育事业则因为有了生命的投入而有了热情流淌的血液，永不衰竭的激情。或许我干不出惊天动地的伟业，但我的生命因追求而美丽。心中装着美，我走在教师之路上，追求着，美丽着……

【校长评析】

拥有省级语文学科骨干教师和省级语文学科带头人双料头衔的王光老师，其成长历程足以让一些教师汗颜。"幸福"是王光老师从教至今最大的感受，也是最大的收获。在其从教的二十四年中，王老师时时刻刻都在打造属于自己的幸福教育。从王老师的幸福教育解读，让我们对名师成长有了新的认识，那就是需要有其独特的教育理念。名师之所以成名，必定在某系方面上要高于普通老师，否则就不能走到名师队伍之中。在对王老师名师成长历程的观察中，其还有一个值得其他老师借鉴的经验，即重视科研。王光老师始终将学者型、研究型的教师作为自己专业发展的目标。无论是学者型教师，还是研究型教师，其教育科研都永葆活力的妙方。一位名师，不重视自己的科研，其发展之路不会太长，也可能是昙花一现。总之，王光老师的名师成长历程告诉我们，要成为名师，必须要有自己的教育理念，要重视教育科研。

六、刘　敏

刘敏，1974年生，1994年8月参加工作，本科学历，小学高级教师，国家级德育实验先进教师，省骨干教师，市优秀教师，市优秀中队辅导员。论文《爱心、责任心、奉献精神——教师必备的品德》在《中国校外教育》上发表。教育格言：教师的最大幸福就是把一群群孩子送达理想的彼岸。

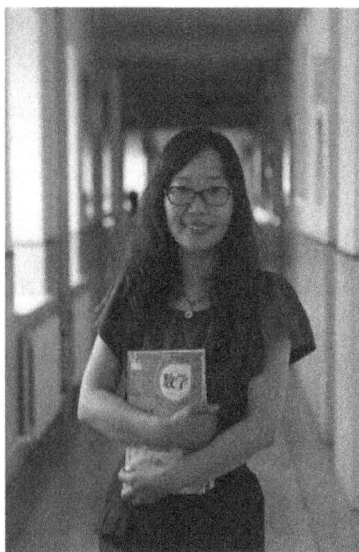

【名师自析】

"捧着一颗心来，不带半根草去。"这是陶行知先生献身教育的真实写照，也是我对教育事业的承诺，对教育事业一生执着的追求。

1994年，我完成了梨树师范学校的学业。来到了四平市第二实验小学任教，自工作以来，一直从事班主任工作，已经默默奉献了20多年。20多年来，我以对人民的忠诚、对教育事业的酷爱、对学生成长的无限关爱而默默耕耘和奉献，在培养了一批批栋梁之才的同时，我成为一名优秀的省骨干教师，先后获得"国家德育先进实验教师""四平市优秀教师""铁西区优秀教师""市优秀中队辅导员"等多项荣誉称号。

回顾自己的成长经历，我感觉，除了各级领导的教导培养、同事的帮助关心以外，离不开自己对祖国教育事业的热爱、自己的刻苦努力和不耻下问的工作态度。

热爱教育事业是前进的动力。

"为教育事业奋斗终生"是教育工作者的最高精神境界，也是我刚上师范学校时就树立的理想。因此，从毕业成为一名光荣的人民教师时的那天起，我就下定决心要为教育事业奋斗终生。20多年来，无论社会思潮如何变化、各种诱惑如何逼近、各种困难挫折如何面对，我的这一理想从未改变。正是有了这份的热爱和执着，我才能严格要求自己，为人师表、老实做人、潜心工作，快乐地接受并完成领导交给的各项任务，满腔热忱地投入教学科研工作；也才能为学生献出春风细雨般的爱，适时运用教育学、心理学的理论和方法去关爱学生成长进步，注意工作方式方法，帮助他们克服各种困难、解决各种矛盾，积极主动地开展各项活动。

努力学习、积极工作是成功的基础。

改革开放以来，科学技术不断进步，社会发展变革迅猛，学生心智水平及接受事物的途径发生显著改变。在这种情况下，教师必须不断学习才能适应变化了的社会和教育对象。正如习近平总书记与北师大师生座谈时所指出的："过去讲，要给学生一碗水，教师要有一桶水，现在看，这个要求已经不够了，应该是要有一潭水。"为了拥有这"一潭水"，我充分利用课余时间以及节假日时间广泛阅读有关教育方面的图书和论文，浏览一些"中国教师网""中国教师教育网"等著名网站，并利用经验交流会、研讨会等机会虚心向同行、向老教师、向专家学习，学习探讨教学与班级管理工作中遇到的困惑,使自己的教育教学能力不断提高。

这20多年来,无论班主任工作多么琐碎,课业负担多么繁重,我每次都能认真地完成各项任务。在完成工作的同时,我还注意积累反思教学经验或管理经验,并利用所学理论指导工作,写出并发表了多篇学术论文。例如,《在充满情趣中进行识字教学》论文在吉林省教育十五规划课题"课程改革与中小学识字、阅读、写作一体化发展"课题组举办的会上发表并荣获优秀教育科研成果一等奖,论文《说说家长会的开法》在《中小学校长》一书中发表,论文《爱心、责任心、奉献精神》在《中小学校外教育》上发表;经历教育课《我爱祖国山和水》在《四平教育》上发表。另外,在四平市铁西区举办的教师基本功大赛上荣获一等奖。我的许多课程也被评为优质课,如《数学思维训练》课被评为市级优质课,数学《两位数除以一位数》以及语文《我为你骄傲》被评为市优质课;在"纪念抗日战争暨世界反法西斯战争胜利60周年"爱国主义教育示范课活动获市特等奖;经历教育课《我爱祖国山和水》先后被评为市优质课,《情系奥运、心向祖国、爱我家乡》纪念抗日战争60周年主题中队会荣获铁西区一等奖。《爱我四平,爱我家乡》主题中队会曾代表学校为铁西区教育局、关工委等部门进行观摩。《弘扬美德文明伴我行》获市优质课,课堂实录光盘获市级二等奖。诗歌朗诵《少年强》荣获铁西区一等奖。《交通安全伴我行》主题队会代表学校在校车安全管理工作会议上观摩。

积极的工作态度是成功的催化剂。

教师工作总是周而复始、默默无闻的,是一项百年树人的工程,是一项"良心"工作。她既不像工厂生产那样立马见到合格的产品,也不像医生治病那样立竿见影。因此,我体会教师的工作态度是影响成功与否的重要因素。其中，积极进取、勤奋认真、乐观向上的工作态度就是催化剂。

在教学上，我认真地深钻教材，改进教法，力求创新。努力发展每个学生的不同潜能，使他们在课堂上敢想、敢说、敢做，学会创新。我努力营造宽松、愉悦的学习氛围，教学方法灵活多样，因此，从备课到上课，我给自己确定的目标就是精益求精、没有最好，只有更好。

教育教学工作，是一项常做常新、永无止境的工作。社会在发展，时代在前进，学生的特点和问题也在发生着不断变化。作为一名省骨干教师，我必须时刻严格要求自己，努力工作，发扬优点，改正缺点，开拓前进，才能为美好的明天奉献自己的力量。在今后的工作中，我会努力工作，无愧于省骨干教师这个光荣称号。

【校长评析】

刘敏老师先后获得了"国家德育先进实验教师""四平市优秀教师""铁西区优秀教师""市优秀中队辅导员"等荣誉，可以看出刘敏老师通过二十余年的不懈努力，收获满满。在为之骄傲的同时，我们更要从其成才的历程中汲取经验。刘敏自我剖析，认为热爱教育事业是其前进的动力，努力学习、积极工作是其成功的基础，积极工作态度是其成功的催化剂。可以看出，刘敏老师对自己的专业成长已经有自己的规划，也善于总结与反思。热爱、努力、积极这些关键词成为刘敏老师名师成长的坐标，也正是这些坐标构成了其令人羡慕的成长轨迹。正如刘敏老师自己所说："作为一名省骨干教师，必须时刻严格要求自己，努力工作，发扬优点，改正缺点，开拓前进，才能为美好的明天奉献自己的力量，才能无愧于省骨干教师这个光荣称号。"一个教师通过自己的努力，成为一所学校、一个地区甚至一个省的名师，其必然会经历许多的"磨难"，但是获得名师这个称号之后并不代表走到了终点。相反，这是新的开始，因为要担负起名师应该担负的使命和义务。

七、宋晓莉

宋晓莉，1969年生，1987年8月参加工作，本科学历，中教高级教师，中共党员。吉林省师德模范，吉林省数学学科优秀个人，吉林省语文学科带头人。参与编写了《小学语文基础知识手册》《小学语文教材全解》等教学工具书。教育格言：热爱是最好的老师。

【名师自析】

1984年，16岁的我带着梦想考入了四平幼儿师范学校；1987年，18岁的我带着青春的热情走出校门，来到了刚刚起步正努力奔跑的四平市铁西区英雄街小学，也就是现在的四平市第二实验小学。从那时起，我便开始了在教书育人这条跑道上的奔跑。

奔跑在提高教育教学水平的跑道上。要想成为一名优秀的教师，不是一朝一夕可以做到的，不仅需要教师心理上的成熟，还需要教学艺术的精湛和教学理论的升华。俗话说："打铁还需自身硬。"毕业后，我深切体会到责任的重大，感受到知识的匮乏，为了丰富自己的学识，优化自己的知识结构，参加工作后不久，我便开始了教育学院的专科自学考试和吉林师范大学的本科函授学习，厚重的积淀，渊博的知识，为以后的工作，奠定了坚实的基础。教学中，我认真备课，虚心向同伴学习，向领导请教，每堂课从语言到教学过程到板书，都会精心设计，这样的课堂深深地吸引着学生。良好的教学效果，让学生学得精学得准学得扎实有效，一步一个脚印，师生共同进步。

经过不断地努力与积累，我先后被评为铁西区优秀教师、名师、优秀共产党员，四平市教学骨干和教学能手、学科带头人、名师培养人、优秀教师，吉林省师德模范、数学学科优秀个人、骨干教师、语文学科带头人。并多次带领全区教师期初统一备课，还为新上岗教师做示范课，其中数学课《比较大小》被收录到吉林省小学数学教师培训教材之中。同时，我还注重总结教学经验，编写的《小学语文基础知识手册》《小学语文教材全解》《新课标同步探究》等教学工具书在全国推广使用，撰写的《如何进行低年级朗读教学》《语文课堂教学改革初探》《新课标下小学语文作业设计的几点思考》等多篇论文获国家级、省级奖励。

奔跑在培养学生良好习惯的跑道上。良好行为习惯的培养的关键时期是幼儿阶段和小学阶段。一、二年级则是这关键之关键。30多年来我一直从事低年级的教学，因此，我在接手每一个新一年的时候，都在培养学生的习惯上下了很多功夫。针对守纪习惯的培养，从入学的第一天起，就开始给他们提要求，开始只提一两个，随着入校时间的增长，要求也不断增多。比如端正坐姿、站立、行走等习惯，最难的是纠正学生想说就说、随便接话的坏习惯，这个毛病，很难改正，尽管你给他们提出了要求，但让他们一时扳住并不容易。所以，我就耐着性子，除了用语言提醒他们之外，我还用眼神提醒他们。第一次你的眼神学生不明白，可以告诉学生，他随便说话了，违背了老师的要求，老师不喜欢。几次之后，学生们就会明白，老师的眼神是什么意思，时间长了，我的眼神就是一种无声的命令。针对学习习惯的培养，对那些注意力不够集中，溜号的学生，我经常采用停止讲课，眼神暗示，或叫溜号学生重复我说的话的方式帮助他们集中注意力。针对书写习惯的培养，我会教孩子一些顿笔、运笔的方法，让学生感受我写字的速度，状态。然后，让学生来模仿，慢慢一笔一笔来写，不求速度，求的是把字写清楚、写漂亮。

奔跑在用爱灌溉孩子心灵的跑道上。冰心说："情在左，爱在右，走在生命的两旁，随时撒种，随时开花。"多年的教育教学工作，使我深深体会到这句话中所蕴含的道理，只有在爱的世界里，一切才会充满阳光。我教过这样一个男孩子，他是从外校转来的，转来的第四天，就开始逃学。经过了解，他是单亲家庭的孩子，母亲没有时间看顾他，他早晨上学时间从家出来，晚上放学时间到家，中间的时间就泡在网吧里。面对这样的孩子，我没有挖苦他，也没把他交给学校，而是针对单亲家庭孩子的心理特点，和他交朋友谈心，晓之以理，动之以情，经过不懈的努力，这个孩子不但改掉了坏毛病，而且学习成绩直线上升。我还有一个学生，在期末考试前夕爷爷去世了，家长没有时间照顾她上学和学习，为了不让他"掉队"，我就把他接到家里住了三天，给她做可口的饭菜，帮她温习期末的功课，用我的爱去抚平他内心失去爷爷的创伤。而对于我的儿子，3岁时发烧烧得小脸通红，面对哭喊着"妈妈"的他和班级六十多双渴求的目光，我选择了后者，把他狠狠地推向了姥姥；14岁时发现腿内有肿瘤需要手术时，我硬是拖了两个多月，到学生放暑假时才带着他去长春手术，虽然一直觉得很愧疚，但是六十比一这个账，大爱和小爱这个账，我必须要算哪！

弹指一挥间，30多年的岁月就在绘声绘色的讲课声中，就在孩子们的欢笑声中，就在一节又一节课的交替声中滑过。回顾耕耘之路，有欢笑也有泪水，虽然脚印参差不齐，深浅不一，但每个脚印里都倾注了我满腔的爱心和辛勤的汗水！未来，还需努力，我将会在教书育人这条跑道上一如既往地奔跑下去。

【校长评析】

正所谓"英雄不论出处"，宋晓莉老师的名师成长再一次对之加以验证。宋老师深知"打铁还需自身硬"的道理，从四平幼儿师范学校毕业后的她来到学校工作之后深切体会到责任的重大，感受到知识的匮乏，为了丰富自己的学识，优化自己的知识结构，她开始了吉林省教育学院的专科自学考试和吉林师范大学的本科进修。通过几年的努力，自己不仅在学历上得到了收获，更为重要的是丰富了自己的教育教学理论知识和相关技能，为在日后的教育教学工作中提供了坚实的基础。宋老师将自己在教育教学上的实践比喻成为一场赛跑，其实践的过程就是奔跑在提高教育教学水平的跑道上，奔跑在培养学生良好习惯的跑道上，奔跑在用爱灌溉孩子心灵的跑道上。可以看出其主要的教学实践都是围绕着学生的发展，其理念和行为难能可贵。通过对宋老师对自己名师成长历程的回顾和介绍，我们有理由相信其未来的发展要远远高于现在所拥有的各种头衔。

八、刘晓丽

刘晓丽，1974年生，1994年8月参加工作，本科学历，小学高级教师，中共党员，省级骨干教师，市级优秀教师，市级教学先进个人，铁西区教书育人模范，区级研究型教师。论文《语文教学中的思想教育》在《中国基础教育研究》上发表。教育格言：让我们用自己的行和自己的心去教育我们的孩子。

【名师自析】

1994年参加工作以来，在平凡的小学教育工作岗位上已经默默耕耘了整整二十四个年头了。从青涩的新教师，成长为骨干教师，一路走来我付出了许多汗水和努力，得到过许多领导和同事的帮助。2009年我被评为市级骨干教师，2011年被评为铁西区教书育人模范，2014年被评为铁西区研究型教师、省级骨干教师。2015年被评为四平市优秀教师。二十四年如一日，我用诚心对待每一位学生，用爱心诠释教育者的责任，在三尺讲台上无怨无悔地奉献自己的青春与智慧，用真情和爱心浇灌出桃李满园。

踏踏实实，培养学生语文素养。

为了上好每一堂语文课，让学生课有所获，日有所得，我复印了新课程理论和新课标，业余时间阅读钻研，转变教育教学观念，掌握现代化的教育理论。备课时，以教材为依托，查找相关资料，精心设计教学过程，运用课件、视频、音频等现代化的教学手段，引导学生主动去探究，恰到好处地激发学生讨论的欲望，及时挖掘学生的思维潜力，让学生成为学习的主人翁，培养学生的学习兴趣，逐渐形成了自己的教学特色，成为学校教育教学中的骨干力量。2010年被评为市级教学先进个人，2011年在铁西区语文基本功竞赛中获特等奖。2013年课件《长歌行》在吉林省中小学多媒体课件大赛中获二等奖。2014年课例《鸟的天堂》获吉林省语文优质课一等奖。2017年《军需处长》一课在一师一优课评选中被评为"国家级优质课"。

我特别注重在丰富多彩的语文活动中激发学生学习语文的兴趣，提高学生的语文素养。班级里开展每天读书三十分钟活动，每周积累读书笔记，每月召开读书交流会。每天写班级接力日记，编辑学生优秀作文集，召开诗歌朗诵会……春风化雨，润物无声。这些做法让学生受到良好的文化熏陶和思想启迪，提高了学生的整体语文素养。

孜孜不倦，努力提高自我。

多年来我一直在努力探索语文教学的途径和方法，平时利用课余时间广泛阅读教育书和文学名著。每次学校派我外出学习、听课时，我都会认真学习，精心记录，回来后翻看笔记反复揣摩，力求把新的理念，好的方法融入自己的教学之中。我把课堂教学与课题研究结合起来，多次参加省市和国家级的课题研究，在课题小组中，大家听课、观摩、讨论、学习，让我受益匪浅，教学水平逐渐也上了新的台阶。我撰写的论文《精心设计提问，提高语文课堂质量》在区里交流获得好评。论文《小学语文教学中如何加强德育教育》在全国优秀论文评选中荣获一等奖。论文《语文教学中渗透中华传统美德教育要有针对性》在"十二五"课题"中华民族传统美德教育的实践模式和保障机制的深化研究"优秀科研成果评审活动中被评为一等奖。在吉林省小学作文教学论文及教学设计评比中，论文

《让作文成为乐趣》获一等奖。

与爱同行，关心每个学生。

育人必先正己，作为班主任我身教垂范，关心每一位学生的发展，以真心对待学生的童心。处理事情公正合理，不感情用事。班级量化考核公开透明，不歧视差生，偏袒优生。所带的班级学生形成了乐学、团结、勤奋的优秀品质。

现代教学艺术大师斯霞说过："一切的教育都必须基于爱，来自于爱，归结于爱。"每接一个班级，我都会细心观察了解每个学生的特点，进而因材施教。对纪律散漫学习落后的学生我会更留心，想办法打开他们的心扉，发现他们的闪光点，创造教育的契机。

学生面临毕业时，学习压力大，家长要求严，情绪波动比较大，有的孩子静不下心来学习，还和家长顶牛，每每这时，我都会站在学生的立场循循善诱，耐心引导，安抚情绪、化解矛盾。保证每个孩子顺利升入上一级学校。因此赢得了学生的拥戴与尊敬，赢得了家长的信赖和赞誉。

满腔热情，引领青年教师。

作为骨干教师，我追求的不是一花独放，而是整个年组教学的万紫千红。自己的理论和教学水平提高了，总是热心带动身边的青年教师。先后指导过苏敏、孔凡宇等青年教师，通过听课评课、互听互评等方式进行课堂教学指导，促进了他们教学水平的提高。

二十四个四季轮回，二十四个风雨兼程，我情系莘莘学子，爱洒三尺讲台，把全部的青春和热情都献给了所挚爱的教育事业，都献给了所热爱的学生。当班主任，我是学生的贴心人，关爱每个学生；当教师，我是勤奋好学的教学骨干，讲好每一节课。在平凡的岗位上挥洒汗水，润物无声，静听花开，不求回报。

【校长评析】

通过刘晓丽老师对自己名师成长历程的总结，我们不难发现其无愧于名师的这个荣誉称号。原因在于，刘老师能够立足语文教学开展一系列的教育科研研究，能够不断地进行自我反思与经验提炼，能够通过沉淀有计划地提升自己，能够通过自身的发展引领其他教师的共同成长。一个教师成长为名师，其一大部分是自己努力的结果，但是团队和学校所构建成的外环境不可忽视。一个名师成长了，不能沾沾自喜，不能违背初心，要回馈学生、回馈团队、回馈学校。名师的培育是一个长期且复杂的过程，每一所学校在此工作中都会动用相当大的人力与物力。可以这样讲，一个名师的成长就是一所学校相关资源的消耗，因此名师的回馈是对学校资源消耗的最好回报。

九、李彤宁

李彤宁，1976年生，1996年8月参加工作，本科学历，高级教师，中共党员。国家级德育实验教师，省级骨干教师，省十佳优秀少先队辅导员，市级优秀教师。发表的论文有《浅谈语文课堂的实效性》。教育格言：人生的价值是给予，而不是索取。

【名师自析】

自从师范学校毕业以来，22年的光阴流逝，我一直在一所学校里工作，就是这所倾注了我全部心血和青春热情的四平市第二实验小学。记得初为人师，踏入充满新鲜感的课堂时，带着几许紧张试着讲第一句话、第一道题、第一堂课；我融入了拥有几十个同学的集体中，看到他们渴求知识的双眸和纯真的笑脸，我的心更坚定了，我要做一名好老师。那么，如何才能做一名好老师呢，在不断的实践中我的经验是：

第一，练就过硬的业务能力。

虽说我是个"孩子王"，教育对象是一群孩子，但要把知识讲透彻，自己首先要知识广博。于是我有了短期目标，平日里挤时间陷入书海，从教育类图书看到课本之外的名人著作；寒暑假进修中文专科和本科，刚毕业的那几年我不断充实自己。我又潜心钻研教材，珍惜学校外派学习听课机会，学习模仿先进课堂教学技巧，利用网络查找相关课例，研习高效课堂思路和方法。久而久之，形成自己的讲课标准——知识必落实，讲解要生动，拓展应有度。

接下来，我努力尝试参与各种教育教学活动。学校是个大舞台，既然给大家提供了展示自己的平台，为什么不珍惜呢？每学期我都会忙碌于参加优课评选活动，如青年教师汇报课、引路课、同课异构等。虽说有过小失误，有过焦虑，但一次次磨炼给了我成长的助力。也许我太看重这项事业，它成了我的生活重心。在工作中取得哪怕是一点点成绩，都足以愉悦我的身心，让我乐此不疲。不仅仅是上公开课，我还不断地参加校内外的各种竞赛活动，如教师基本功大赛、班主任技能大赛、党员知识竞赛、书法大赛等。每一次比赛活动，我都如此珍视，尽全力做好。虽说要付出更多的艰辛与汗水，但我享受其中，并感受着这份事业给予我的巨大魔力。

第二，积累点滴的工作经验。

"吾日三省吾身。"前些年的我一直忙碌在工作中，觉得生活很充实，很有意义就够了，可当我静下来的时候，却又觉得似乎缺失点什么。我再一次读到这句话时，恍然大悟，教育人的事业非同寻常，认真完成每一天的工作固然重要，但不断反思，不断积累经验，并与同行分享更是可贵。于是我每忙碌一段时间都要静下心来，仔细思考我教育教学中的得失，及时记录下来，形成一篇篇随笔和论文。我又积极参加国家、省、市的各项科研课题的研究，让自己的教育教学实践与理论相结合，更加高效育人。

近几年，上级部门进行"研究型"教师的评选，我积极投身到"研究型"教师的学习行列，并取得认定资格。我深刻感受到作为一名好老师，只管教学是不够的，应该大胆尝试，注重积累，不断创新，善于总结自己的教育教学经验，成长为科研型、创新型教师才符合新时代的教师标准。

第三，具备较强的管理能力。

作为一名班主任，不但要抓好教学，更要管理好班集体。每接手一个班级，我都十分重视班风建设。利用各种契机培养学生优良的品行；制定规范守则，监督学生言行；建设干部队伍，发挥干部优长，齐抓共管班级。活动是学生的最爱，我经常带领他们积极参加校内外各种活动，例如五四青年节献词活动、古诗词大赛、班队会展演活动等。学生在活动中锻炼了各种能力，彰显了个性，开阔了视野，让每个学生都体会到了成长的快乐。

忙碌的工作，给了我充实的生活，让我感受到了执教的幸福，同时也得到了领导的肯定。我先后获得过国家级实验教师、省十佳优秀辅导员、省骨干教师，市优秀教师、优秀班主任、德育先进个人、教学先进个人等荣誉称号。荣誉的取得凝聚了领导的期望和肯定，更是对我今后工作的鞭策。

教师是学生人生的启迪者，成长的引路人。身兼重任，我们怎敢怠懈？教无涯，学无涯，在今后的工作中，我会不断学习提升自己，用心、用情、用智慧做好本职工作，结出丰硕的果实，实现更有意义的人生价值。

【校长评析】

李彤宁老师将"做一名好老师"定为自己的从业目标，在二十二年的实践过程中做到了，也实现了。李老师认为做一名好老师要练就过硬的业务能力，要积累点滴的工作经验，要具备较强的管理能力。我非常赞同她的观点，上述三个方面也是作为学校管理者对教师评价的重要的维度与指标。评价一名教师或者对教师进行比较，主要看他（或她）是否具有过硬的业务能力，是否能够在实践后进行自我反思与修正，是否具有较高的学生管理能力。名师的特征中对上述三个方面要求要高于普通教师，所以要成为一位名师并不是一件非常容易的事。李老师在自己二十多年的努力下，在上述三个方面得到了学校和上级部门的认可，所以认定为名师也是众望所归。

十、张秀洁

张秀洁，女，本科学历，1988年毕业，高级教师，国家级德育科研先进实验教师、省骨干教师、省基础教育科研骨干教师、市优秀教师。主持过国家级课题"依托信息技术促进教师专业发展研究"。教育格言：在耕耘中奉献、在奉献中快乐。

【名师自析】

我于1988年毕业，带着对未来的憧憬与渴望，来到四平市第二实验小学，开始了我梦寐以求的教学生涯。英国有个著名作家曾说过："一个庸医伤害的只是人的身体，而一个庸师所伤害的，是学生的心灵"，可见，老师肩负的责任之大。为此，从走上工作岗位那天起，我就坚定了成为一名优秀教师的梦想。30年如一日，在实现梦想的道路上而努力奋斗着，在辛勤耕耘中收获着幸福，在默默奉献中享受着快乐，现在让我回头思考我是怎样成为一名骨干教师的呢？我觉得以下几点是很重要的：

第一，高尚师德，为师基础。

冰心老人曾经说过这样一句话："爱是教育的基础，是老师教育的源，有爱便有了一切。"踏上三尺讲台，我就为实现这一切而努力着。同时我感到幸运的是我工作在一个和谐、有凝聚力和战斗力的集体，领导们具有高尚的人格魅力和领导魅力，他们在工作中能理解、鼓励和欣赏老师，这些优秀的品质深深感染着我，我以高尚的师德熏陶着学生，深知热爱学生是强大的教育力量，一个好教师意味着她发自内心地爱孩子，了解孩子的心灵，关心孩子的快乐与悲伤，没有爱就没有教育，用师爱的阳光温暖着每一个学生的心房。不但爱那些品学兼优的孩子，更爱那些特殊家庭的孩子，如贫困家庭的孩子、单亲家庭的孩子、残疾人家庭的孩子等，这些特殊家庭孩子的心灵是非常敏感和脆弱的，他们需要特别的鼓励和赞扬、需要温情和呵护。一直不忘把特别的爱献给特别的你，无数次对学困生、贫困生、单亲

生等家访，了解他们，让特殊家庭的孩子享受特殊的关爱。

不但重视教书，更重视育人。我注重传授知识的准确性，学生学习习惯的培养，更重视培养孩子如何做人，我抓住教材和少先队活动中的每个德育因素，对学生进行思想教育。

我对工作有着强烈的责任心，有热情、有激情、有干劲。从不因个人的困难而影响工作，宁可身体透支，也不让使命欠债。

第二，执着追求，提升素质。

一位合格的人民教师既要有扎实的基础知识、专业知识和较高的人文素养，还要树立终身学习的观念，时时加强自己的素质提升。

作为一名老教师，深知自己的知识水平不够，通过自学取得了大专学历，在我40岁那年通过自考取得了大本的学历，仅有学历，没有能力是不行的，还采取多渠道学习。向书本学习、向同事学习、向专家学习、向网络学习，学习政治理论、先进的教育教学理念和专业知识，特别是现代信息技术，拓展了教学资源，了解了先进的教育动态，更新了自己的教育教学理念，增强了理论积淀。

积极参与各类教研活动，促进理论和实践的融合。课堂教学是提高教学质量的主阵地，我不断探索课堂教学的新思路、新方法，形成自己的教学风格，尤其在高年级语文教学中，培养学生自主评改作文的能力，即自主评改作文分三部分进行：自批自改——互批互改——师生共同批改，经过几年的实验，学生的审题、写作、欣赏能力有了很大提高。积极参与课堂教学研讨活动，在研讨中找到不足，及时改进，先后在获区优质课、市教学设计一等奖、国家级课例一等奖，逐渐从"教书匠"向"研究型"教师过渡。

第三，团队合作，互助成长。

新课程的全面实施，对教师的团队意识和协作精神，有了更高的要求，俗话说得好："相互补台，好戏连台，相互拆台，最后一起垮台。"只有在团队协调一致的基础上团结合作，才能产生团队协同效应，促进每个教师的专业发展，更好地促进学校的发展。我深信"一花独放不是春，百花齐放春满园"。自己好不算好，每个年组好，学校才会好，在10余年的年组长工作中，不管是哪个领导分配我的工作，我都认真对待，从不拖后腿儿，我带领团队勇往直前、勇于创新，我们的集体有着超强的战斗力，各项活动走在前面，在连续三年的优秀年组评选中，我们连续两年被评为优秀年组，同年级工作中，大家和谐、平等竞争。在担任班主任、年组长的岁月里，大家辛勤耕耘着、奉献着，是最苦最累的，同时因为团队和谐，成绩突出，所以也是最开心的时候。因为爱事业、爱学生使自己很享受苦中求乐、乐在其中的甘甜，过着幸福的教育生活。

作为骨干教师，努力发挥传帮带的作用：一方面引导青年教师学习新课程新理论，学习新课程标准，熟悉新教材，具备实施新课程的能力和水平。另一方面带领大家开展教研活动，和大家共同研讨，交流经验，取长补短，共同进步。

第四，参与科研，创新发展。

只有参与教育科研，才能使教育教学有创新发展。我结合自身的教育教学实践，勇于探索，积极引领教师参加各级课题研究，在实践中研究、在研究中总结、在总结中提高。自己也勤于总结，撰写论文和随笔，论文发表在《现代教育科学》一书中，参加国家级、省级科研成果评选获一等奖。积极参加课题研究，主持国家级课题研究，按照课题实施方案进行实验，组织上汇报课、观摩课，写中期评估报告，写结题报告，结题论文，制作课件，课题已结题。定期组织科研年会，交流在教育教学中的体会。及时向上级推荐优秀的科研成果，参加评选，带动了身边人参与科研的积极性，收获了很多成果奖，科研活动的参与，使理论和实践很好地结合，也收获科学和创新的思想。

回眸30年，我全身心地投入教育教学中，以满腔的热情奉献于我所爱的教育事业，以高尚的情操陶冶学生的心灵，不忘眼望星空，又脚踏实地，孜孜以求，关注孩子们的收获与成长，感受孩子们的欣喜与快乐，我也在耕耘中收获着幸福、在奉献中享受着快乐！

【校长评析】

看完张秀洁老师对于自己名师成长的解读，我在思考一个问题：名师成长的规律是什么？张老师三十年的教育生涯告诉我，名师成长的规律是动态化的，是个性化的。所谓动态化是指成长的过程时刻处于变化之中，没有固定的成长模式。所谓个性化是指名师的培育策略要因人而异，不可千篇一律。动态化与个性化相结合的培育模式是当代名师培育的最佳选择。张秀洁老师对自己名师成长经验锁定为："高尚师德、执着追求、团队合作、参与科研"。可以看出，张老师对自己的要求非常高，对自己的规划非常合理、科学，所以其名师的成长历程非常具有借鉴性。

【校长总评】

通过四平市第二实验小学十位名师成长历程的自我解析，作为他们所在学校的校长，深深地感觉自己是幸福的。因为，在以他们为代表的优秀师资队伍促进了四平市第二实验小学名校建设速度，彰显了学校特色办学的宗旨。通过对他们名师成长历程的分析，自己深深感觉到一所名校的发展离不开众多名师的参与。每一位名师就是学校的名片，其发展的历程就是学校发展的缩影。所以，重视学校名师培育是正确的，也是必需的。十位名师的成长事例给我们带来的启示很多，也必定让我们对自身的专业发展产生许多的反思。这里想引用一些名师的座右铭和上述十位名师的成长历程加以呼应，希望更多的老师能够进入名师队伍之中。

爱是最好的教育，而表达爱的最好的方法是欢喜、鼓励和赞赏。

把温馨的话语送给孩子，把热情的鼓励送给孩子，把无私的关怀送给孩子，让孩子时刻感受到老师的爱。

生活中，做个正直的人；工作中，做个踏实的人。

是含笑的天使，孩子接纳你；是诚信的知音，孩子呼唤你；是春雨的化身，滋润幼苗茁壮成长。

教育无小事；教师无小节。

有所尝试，就有所作为。

不苛求过去，满怀信心对待未来；业精一分汗千滴，爱心一颗花万朵。

我始终坚信：每一个孩子都是一粒种子。我愿意把自己的热情和爱化作一缕阳光，不断提高自己人格的魅力，丰盈自己生命的底色，为孩子们成长提供甘甜的雨露和肥沃的土壤，使每一粒种子都能充满勃勃的生机。

以师为朋，德高为范，以生为友，身正为师，以校为家，政勤为上。

打动童心的最佳方法是诚恳而慷慨地赞扬他们每次进步。

以人为本，是一切教育的出发点。

教师是太阳底下最光辉的职业，孩子的笑脸是校园里最灿烂的阳光。

教育是植根于爱的，充满爱心的人，就会是成功的人。

爱心献给孩子，诚心送给家长，信心留给自己。

没有爱就没有教育，没有兴趣就没有学习。

做人是做学问的前提。

教育者最可贵的品质之一就是对孩子们深沉的爱，兼有父母的亲昵、温存和睿智，严厉与严格要求相结合的那种爱。

及时易自勉，岁月不得人。

以德正身，堪为人师；才称其职，爱岗敬业。

知错自责得理让人——宽容；处变不惊居安思危——竞争。

倾听童声，学会微笑，善待学生。

心系学生，宽容为怀。

生命正因为风雨而变得精彩。

在教育这片沃土上，也许我们做不出惊天动地的大事，但我想只要我们每天都能踏踏实实做事，实实在在工作，诚心实意为孩子们的幸福成长出自己的一分力，尽自己的一分心，就一定能实现我们的"幸福教育梦"！

让学校的每一天都充满向上的精神，让教师的每一天都体会执教的幸福，让学生的每一天都收获成长的快乐。

亲爱的读者，您读完上面话语之后，是否对自己名师成长规划有了明确的认识？笔者坚信，你们肯定有了新的认识，也必将会对照自己确立奋斗的目标。

第六节　省级名师工作室透析

陈力，中共党员，1975年出生，1996年毕业于吉林省外国语师范学校，后获得东北师范大学英语专业的专科和本科学历。2015年9月考上吉林师范大学学科英语专业硕士研究生，于2017年6月毕业。他是第二实验小学最美教师、铁西区优秀共产党员、铁西区师德先进个人、铁西区优秀研究型教师、铁西区首批区管专家、四平市教学先进个人、四平市教学能手、吉林省骨干教师、吉林省小学英语学科带头人、吉林省支援农村教育先进个人、吉林省长白山教学名师培养人、吉林省教学精英，2013年3月，被吉林省教育厅聘任为小学英语陈力名师工作室主持人，这是四平市第一个以个人姓名命名的小学英语名师工作室。

为进一步提高全省教师队伍整体素质，培养和造就大批高素质教育专业人才，引领全省教育又好又快地发展，继全省第一批和第二批49个中小学名师工作室成立之后，省教育厅在全省范围内于2013年设立了第三批30个中小学名师工作室。陈力小学英语名师工作室就是第三批中的一个。

很多老师遇见陈力老师，都会问起是如何从一名普通老师成为省级名师，到底有什么秘诀。陈力老师多次都会这样回答："理论与实践相结合！"陈力教师在完成省级英语名师工作室成员选拔之后，所做的第一件事就是教学研讨活动。之所以这样做，陈力老师有着自己的解释："我不是不喜欢教育教学理念，教学理念是个好东西，我一直在学习《教育学》《教育心理学》《中国教育史》

和《外国教育史》，关于学科英语方面的理论知识也在不断地补充，为了让自己有做工作室主持人的底气，我考取了吉林师范大学学科英语专业的硕士研究生，学到了许多理论，如二语习得理论、英语教学法、英语语言学、英语教学论、英语学习策略、外语教学测试理论等。这些让我对英语教学的领悟更加深刻。但是，回到课堂和教学实践的时候，才发现如何把理论知识运用到实践才是关键的一环。原来是只知道怎么做，不知道为什么这样做；现在知道教学的方向，但具体应该怎么沿着方向走好教学的路又成了难题。我在想，一线教师再如何研究理念也不能荒了自己教学这块田地。"

陈力省级英语名师工作室汇聚英才：有全国中小学外语名师、国家级公开课获奖者、吉林省优秀外语教师、省科研骨干教师、省科研新秀、省级骨干教师、网络教研高手、省级教学新秀、不仅有一线教师，还有主管英语教学的领导和教研员的加盟。十五名成员中有两位是教研员，一位是校级领导，其余十二位为一线普通教师。十二名英语教师中，有两名是农村学校的英语教师。陈力老师经常开玩笑地讲："这个组合是我在招募成员时精心选择的荤素搭配。"

在陈力老师的组织下，成员们也为自己的工作室设计了标志。

对这个标志，陈老师的解释是：图标中的彩虹桥象征着省教育厅为名师工作室主持人和各地的英语老师搭建的平台和桥梁。被彩虹包围的书强调了理论知识和读书的重要性，整体组成的心形象征着工作室的所有成员将同心协力办好这个工作室。

剖析陈力名师工作室的特色，笔者认为最大的特色就是高效的教学研讨，其活动可以概括为三动，即联动、互动与主动。工作室开展的教学研讨检测"解决实际教学问题，不增加教师过重负担"的原则有序开展，教学研讨按照研讨的地点可分为网络教研和校本教研。工作室的主要网络平台有吉林省教育社区、陈力小学英语名师工作室QQ群和小学英语教研交流QQ群。所开展的校本教研三种模式：第一种是问题驱动模式，过程为"问题—设计—行动—反思"；第二种是课堂教学设计驱动模式，过程为"备课、说课、观课、议课"；第三种为同课异构模式，互相取长补短，并找出教学设计不同之处的理论依据。

下面，结合陈力省级英语名师工作室具体开展的活动，详细介绍一下教学研讨的具体实施过程：

首先，说一下工作室的教研活动特色"联动、互动、主动"。其中，联动是核心。联动是指工作室的活动不局限于自己工作室范围。陈老师在福建学习的时候，有幸认识了东师附小的孙维华老师，在孙老师帮助下设计了一次展示课的教学活动。期间，在雨中研讨，在微机室研讨，在去饭厅的路上研讨，在课前研讨，在课后研讨。这一研讨历程给耿老师留下深深的感动与感触。耿老师感叹：高效的教学设计，第一不能为了设计而设计，第二要找到适合自己的教学设计，如果不适合再好的设计也是无效的，第三要把握住课堂教学的脉搏，全面为学生的发展服务。

陈力名师工作室在教学研讨活动中除了自己不懈努力之外，还和高校保持着紧密的接触。在组织教学活动时，耿老师会邀请高校专家为工作室的老师做讲座和参与磨课。高校的专家也会带来在校的大学生一同参与。通过在职和在校不同角色的比较，让工作室组员有了深深的感触：没有上过课的老师和上过课的老师在教学实践方面的差距太大了。

陈老师曾给全校教师讲述了一个真实的案例：有一天，陈老师由于喉咙痛无法正常授课，于是想让实习的大学生帮助上一节课，当时在校实习的有十几个大三学生，可是一个一个都表现出畏惧的心理。好不容易做通了一名实习生，可就在要上课的前5钟，他红着脸找到陈老师说实在不敢上，然后就逃跑了。

陈老师始终认为帮助别人就是在帮助自己，工作室的成员们在指导大学生的过程中，自己也查阅了大量的资料，并精心准备了示范课，得到了很好的锻炼。陈老师工作室成员之间经常进行这种联动式的教学研讨，当有成员要讲公开课的时候，会在工作室QQ上求助，每个工作室成员都在群内答疑，就群策群力地帮忙出主意，有时一个知识点会有多个精彩的设计，每个人都兴奋不已。有的老师对教材的知识点有质疑，有的老师发现了好的网站马上就会在群里分享。

联动拓展了工作室的视野，联动中体现着互动，更体现着主动。工作室在几年中开展了许多教学活动，也取得了许多成绩。从揭牌仪式的大型公开课活动开始，陈老师名师工作室成员不断地去农村送课，有些成员还参加了全国种子教师的遴选。工作室也不断地为其他学校培训了大批骨干，发挥了辐射作用。诸如，为美国欣欣教育集团的农村老师设计培训方案，完成省级的中西部小学英语教师国培项目以及吉林省特岗教师、四平铁西区的小学英语教师、四平市小学英语教师的培训工作，等等。

工作室成立以来，其成员取得了丰硕的成果。如张艳丽老师的课荣获省级一等奖，同时被教育部评为第三批国培专家。吴爽老师于2013年12月，在吉林省基础教育2013年小学英语教学名师评选活动中荣获"教学新秀"称号；2015年4月，在吉林省教育学院承担的"省培计划（2014）"——吉林省教师培训项目小学英语"课堂教学技能提升"培训中，做了题为 *Module 2 Unit 5 Sports* 的教学观摩课。2013年10月，耿老师所执教的 *Time* 一课，荣获2013年

全国牛津英语优质课观摩研讨会教学展评一等奖。杨静老师于
2014年4月被评选为白山市小学英语学科"教学新秀",2014年10
月荣获临江市第二届小学教师教学技能竞赛个人五项全能奖。宋
文慧老师被评为双辽市教学先进个人,刘静老师于2014年10月在
第五届吉林省教育社区博客大赛中获一等奖,2015年1月被评为吉
林省教育论坛优秀之星。董丹老师于2015年被国家基础教育实验
中心评为第三届全国中小学外语名师。

陈力老师认为自己成长过程可以划分为四个阶段:

第一阶段是严师。陈老师认为严师阶段主要体现在对学生的严
厉、严格、严肃。陈老师回忆,只要自己走进班级,教室里立刻
鸦雀无声。学校美术组胡老师的儿子陈晨曾经在语文课上造了这
样一个句子:"每当陈老师走过我身边的时候,我感到毛骨悚
然。"即使多年以后,很多陈老师教过的学生仍然有点害怕他。随
着教学经验的积累与反思,陈老师发现仅仅是严格还远远不够,
老师还要有责任心。老师的爱主要是职业所赋予的责任。

第二阶段是勤师。陈老师说在他的包里经常装着学生的卷子,
那时候陈老师觉得有一首歌曲叫《每当我走过老师窗前》似乎唱
的就是他。渐渐地,有两个不速之客热情地光顾了他并成了他的
朋友,它们是咽喉炎和颈椎病。咽喉炎常常让陈老师哑口无言,
不仅仅是咽痒、咽干,还要咳嗽半宿,痛苦不堪;颈椎病让陈老
师找到了过电的感觉,严重的时候脖子动弹不得,这更增加了陈
老师这个书呆子的气质。医生说颈椎病是富贵病,得了以后就什
么力气活都干不了了。人们常用这样的诗句来形容老师:春蚕到
死丝方尽,蜡炬成灰泪始干。那时陈老师真的在想:我是不是快
成灰了?陈老师知道人可以拼搏,但不可以拼命!于是,陈老师
开始常常与班主任沟通,并观察他们的一言一行。

第三个阶段是智师。陈老师有这样一种信念：做一名智慧型教师，在照亮别人的同时要保护好自己。其教育教学过程中开始了自己的多种教学改革和实践，如考单词让学生考，用电脑考，批卷子找学生帮忙。平时教英语歌曲、开发英语游戏，也会让学生参与进来。陈老师发现，由于自己所教的学生太多，课堂教学中想全面提问根本做不到，常常以人走茶凉、走马观花的速度穿梭于各个班级，没有时间搞知识落实。因此，陈老师开始在每班至少任命了4名口语小组长，协助自己辅导其他学生的口语。陈老师为了提高学生参与的积极性，特意买了几副扑克牌，把学生的名字写在上面，上课的时候通过抽取扑克牌的方式进行提问。这种新颖的提问方式迫使所有学生都得认真进行课前准备，因为抽到谁谁都不知道。也就是在这个阶段，陈老师感到自己的大脑好像枯竭了一样，教学设计总是跳不出自己的框框，他认识到自己开始原地踏步了。后来，陈老师感悟到：如果说经验能够决定一个教师职业的宽度，那么理论水平能决定高度。

为此，陈老师通过努力考上了吉林师范大学的研究生，在读研的两年里，陈老师开始用理论武装自己，也顺利地进入了第四个阶段：研师。

陈老师认为名师成长的四个阶段中，前两个阶段是硬方法，后两个阶段是软方法；前两个阶段比较快，后两个比较慢；前面强调的是知识的培养，后面强调的是思维的训练。四个阶段既不是递进关系、转折关系，也不是上下位关系，它们是并列组合的关系，共同构成教师品质这个整体。教育需要软硬兼施，既要板着面孔，又要娓娓道来；教育需要快慢结合，既要强调发展，又不能忽略成长，既要培养习惯，又要培养思维。四者相互作用，互为补充，缺一不可。工作室剪影参见图2-6-1和图2-6-2。

图2-6-1　小学英语陈力名师工作室剪影（一）

图2-6-2 小学英语陈力名师工作室剪影（二）

通过陈力省级名师的自身成长和所主持的名师工作让我们更加知晓了名师成长的不易，如何快速地专业成长要因人而异，需要教师自身坚持不懈，需要团队鼎力配合。正如华东师范大学的叶澜教授所指出的：一个教师写一辈子教案不一定成为名师，如果一个教师写三年的反思，有可能成为名师。

第七节 四平市第二实验小学名师培育实践

教师队伍建设是学校内涵发展、均衡发展以及可持续发展的不竭动力，教师队伍的发展是学校发展的根本。四平市第二实验小学校在实施"名师兴校"战略上始终围绕创办"人民满意教育"的奋斗目标"把满意的课堂给学生，把满意的服务给家长，把满意的形象给社会"。纵观四平市第二实验小学名师培育的实践，可以用十八个字加以概括，即：制方略，强建设；树名师，带全面；重投入，促成长。

一、制方略，强建设

学校从"铸魂、养形、炼技、修身"四方面引领教师成长，打造一支"师德高尚、教艺精湛"的名师队伍。

在铸魂方面，学校开展了三项工程，分别是干部示范工程、党员先锋工程和教师形象工程。在干部示范工程中，实行领导任课制、一日工作流程制，领导深入年组"一带一"制，年末满意度测评制；在党员先锋工程中，开展与贫困学生手拉手的"党性铸师魂、真情暖童心"活动，开展以诗朗诵、演讲等为主题的"党旗飘扬、梦想起航"活动；在教师形象工程中，与"一评三考""四师一满意"及群众路线教育实践活动相结合，进行量化考核，实行能者上，庸者下，提升全校教师整体素质，做人民满意教师。

在养形方面，开展亮岗履职"六个一"系列活动，即查一查、学一学、亮一亮、做一做、悟一悟、评一评。

在练技方面，开展"4321"工程对教师进行技能培训。"4读"，即读名人传记，增文化底蕴，读教学名著，强教学实践，读教育专著，学优秀经验，读报纸杂志，解时事风情；"3会"，即会写一手漂亮的三笔字，会画教学简笔画，会运用多媒体电子白板；"2考"，即教师专业素质考试，教师基本功考试；"1培训"，即课件制作培训，全面提升教师基本功和教育教学技能。

在修身方面，通过打造健康身体、打造阳光心态、打造和谐之风的"三个打造"来加以实现。实践中通过开展丰富多彩的素质拓展、长跑、拔河等修身活动，让学校的每一位教师因工作而快乐，因工作而美丽，把每一天的工作都当成是自己生命的美好运行，去享受工作，与美丽常伴。

二、树名师，带全面

学校要求教师做到形象亮、管理新、教学优。形象亮：要求教师不仅要做到外表漂亮，打扮得体，更要提升自己的内在美，用文化的底蕴和人格的魅力提升自己生命的质量，做家长和学生喜欢的老师。管理新：无论班主任或科任教师都要在学生管理上适应新时期学生发展的要求，创新自己的管理思路，形成一套自己的管理方法。教学优：在教学上提倡个性课堂，让学生愉快学习，达到开放、和谐、高效的效果。

在管理上，如耿建华老师的"以静制动"法，王鹤老师的"蹲下身子和孩子说话"的"情感零距离"法，宋晓丽老师的"目光定视"法，冷亚娟老师的"批评就是爱你"的艺术批评法。在教学上，有"导演"型教师苗雨，她像一个导演，不但自己演得好，学生们也演得好，课堂异常活跃；有"和风细雨"型教师刘晓丽，她的课堂如涓涓细流，所过之处都是一片沁人心脾的甘甜；有国培专家张艳丽老师的快乐英语教学法；有科研学者型英语教师陈力的名师工作室……名师成为学校亮丽的名片。

目前，学校有教育部命名的小学英语国培专家1人，全国优秀大队辅导员2人，省陈力英语名师工作室一个，省巾帼建功先进个人2人，省三八红旗手1人，省特级教师1人，省优秀教师、省先进教育工作者、省师德标兵、省优秀班主任7人，省学科带头人、省骨干教师17人，市学科带头人、市教学精英、市骨干教师43人，区骨干教师、区级名师53人。

三、重投入，促成长

学校把教师培训工作放在重要位置，采取"走出去、请进来、树典型、抓示范"努力开拓教师视野，给教师"强筋、壮骨、补钙"。

首先，积极选派教师外出参加学习与研修。由于培训名额的限制，以及学校教师人员紧张，工作繁忙的原因，不可能每个教师都能走出去学习，采取"一人培训，大家受益"的理念，采用"走出去，带进来"的方式，让出去参观培训的教师，将他们外出学习的收获用交流汇报的方式分享给每一位教师，让培训的效果最大化。通过这种形式拓宽了教师的眼界，更新了教育理念，提升了教学水平，也促进了师资队伍的建设。

其次，聘请教育专家、知名学者来校做专题培训和辅导讲座，解决教师在实际的班级管理和课堂教学中遇到的难题。如：吉林省教育学院原副院长、全国五一劳动奖章获得者、吉林省特等劳动模范、吉林省高级专家龚玲教授，为四平市第二实验小学做关于"提升教师核心素养的价值期待"讲座，参见图2-7-1。

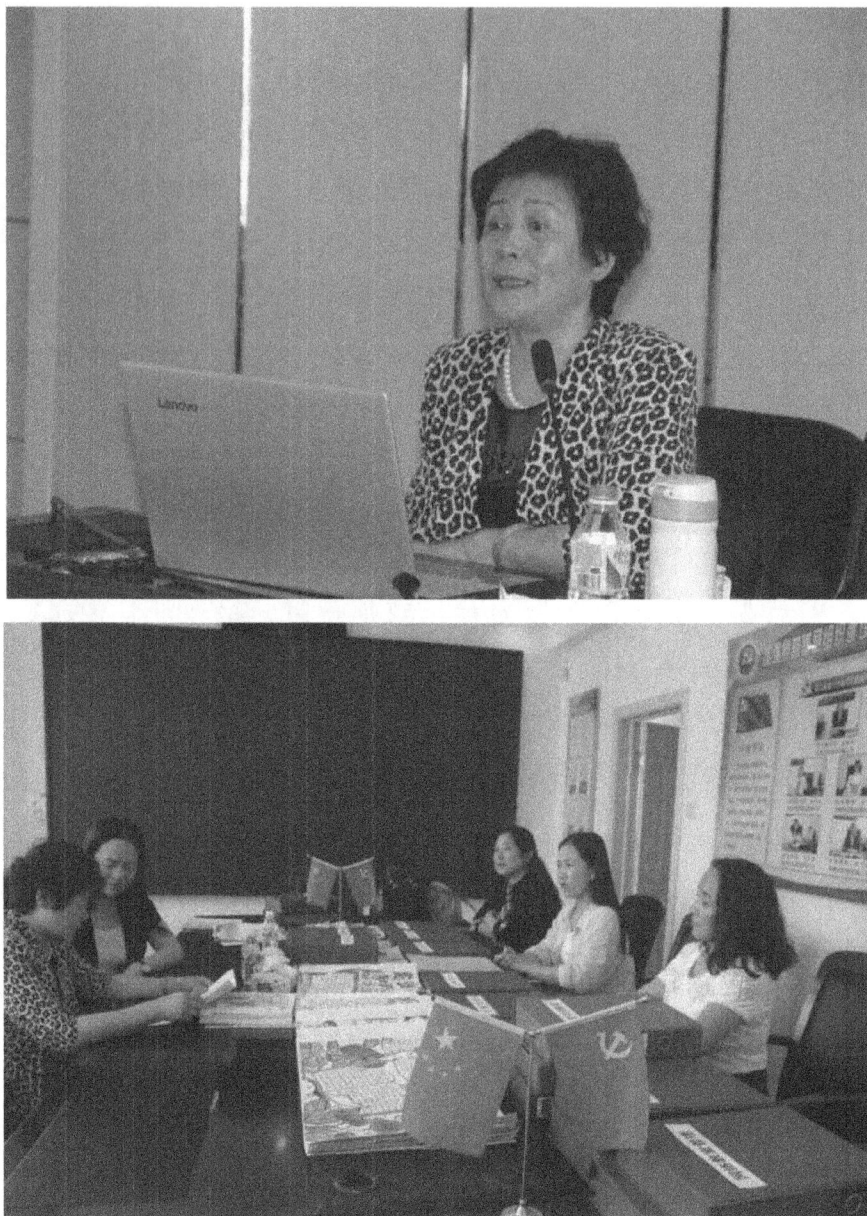

图2-7-1　龚玲教授做关于"提升教师核心素养的价值期待"讲座

　　最后，铁西区实施了"对口交流、整体发展"的大学区推进策略，第二实验小学校作为西区学区长，秉持"发挥特色、取长补短、共同发展"的宗旨，在大学区内开展丰富多彩的活动，和大学区的其余两所小学实施捆绑式发展模式，建立一体化教育格局，同享学区内的教育资源，通过面向全区的、多学科教学开放交流活动，共同探讨学科生命教育的模式和内涵，促进教育教学质量的提升和课改深化，借助网上国培、开辟网络交流、经验汇报等多种形式，促进学区内教师共同成长。

铸魂弘扬正气，养形树立风气，练技增强底气，修身凝聚势气，在打造教师队伍建设的道路上，有资金的保障，有管理的方略，有名师的引领，一定会在新的挑战中实现新的突破，再上新的台阶。

四平市第二实验小学在30余年的办学中培育了一大批名优教师，具体如表2-7-1、表2-7-2、表2-7-3所示。

表2-7-1　四平市第二实验小学省（市）级学科带头人一览

序号	单位	姓名	性别	学科	年份	级别
1	四平市第二实验小学	王丽杰	女	数学	1999	省级
2	四平市第二实验小学	张丽梅	女	语文	1999	省级
3	四平市第二实验小学	宋晓丽	女	数学	2008	省级
4	四平市第二实验小学	王　光	女	语文	2008	省级
5	四平市第二实验小学	耿建华	女	语文	2008	省级
6	四平市第二实验小学	陈　力	男	英语	2008	省级
7	四平市第二实验小学	肖　微	女	语文	2003	市级
8	四平市第二实验小学	姜桂文	女	美术	2006	市级
9	四平市第二实验小学	王　鹤	女	语文	2010	市级
10	四平市第二实验小学	张丽娟	女	语文	2003	市级

表2-7-2 四平市第二实验小学省级骨干教师一览表

序号	单位	姓名	性别	学科	年份
1	四平市第二实验小学	王丽杰	女	数学	1999
2	四平市第二实验小学	张丽梅	女	语文	1999
3	四平市第二实验小学	宋晓丽	女	数学	2008
4	四平市第二实验小学	王 光	女	语文	2008
5	四平市第二实验小学	耿建华	女	语文	2008
6	四平市第二实验小学	陈 力	男	英语	2008
6	四平市第二实验小学	冷亚娟	女	数学	2007
8	四平市第二实验小学	姜桂文	女	美术	2008
9	四平市第二实验小学	王 鹤	女	语文	2012
10	四平市第二实验小学	何大为	女	语文	2012
11	四平市第二实验小学	张秀洁	女	语文	2012
12	四平市第二实验小学	张 丽	女	语文	2012
13	四平市第二实验小学	刘晓莉	女	语文	2014
14	四平市第二实验小学	苗 语	女	语文	2014
15	四平市第二实验小学	肖 微	女	语文	2014
16	四平市第二实验小学	李彤宁	女	语文	2015
17	四平市第二实验小学	刘 敏	女	数学	2015

表2-7-3 四平市第二实验小学市级骨干教师一览表

序号	姓名	任教学科	年份
1	高玉贤	语文	2009
2	毛丽丹	数学、语文	2009
3	贾红玲	语文、数学	2009
4	王明珠	语文	2008
5	王 欢	语文	2009
6	骆 岚	音乐	2008

序号	姓名	任教学科	年份
7	杨　晶	音乐	2009
8	王　晶	语文	2008
9	周　馨	品德与社会	2010
10	马丽华	数学	2008
11	张丽娜	语文、数学	2010
12	丁凤芝	数学、语文	2010
13	魏晓辉	数学、语文	2010
14	田　园	音乐	2010
15	魏　冬	数学、语文	2010
16	王立侠	数学、语文	2010
17	王姗姗	数学	2010
18	罗　冰	英语	2010
19	李　丹	语文	2010
20	刘海鸥	数学	2010
21	孟凡华	语文	2010
22	孔凡宇	语文	2010
23	王敏洁	音乐	2010
24	刘　娜	数学	2010
25	于颖琦	小学数学	2010
26	杨欣玄	小学品德	2010
27	王桂芬	小学数学	2010
28	刘亚会	小学数学	2010
29	崔静娟	小学数学	2010
30	柴丽萍	数学	2013
31	何　艳	语文	2013
32	张春梅	数学、语文	2013
33	张艳丽	英语	2013
34	袁立新	小学语文	2013

第三章

名课教育观察与实践

上课不仅是学校教育工作任务实现和教学目标达成的主要载体，也是教师教育教学工作的主要途径。课有三种境界，其一高效课，其二个性课，其三魅力课。高效课是执教教师充分发挥课堂教学的功能和作用；个性课是在高效课基础上，教师的教学风格有特色，学生的个性得以充分发展；魅力课最高境界的课，最大的特点就是教学相长上的相得益彰。好课是名课的前置条件，什么样的课才可以称为好课，不同学者有不同的标准。例如，崔允漷教授的好课十二字、郑金洲教授的好课十个化和叶澜教授的好课五个实。抓住名课的基本构成要素，找到合理的发展策略，这是当下有志于成为名师的教师需努力的方向。本章将对好课的不同版本评价标准加以解读，并通过相关名课的教学案例、设计和实录的评析与读者共同分享名课构建策略。

第一节　一节好课标准比较

课有三种境界，其一高效课，其二个性课，其三魅力课。高效课是执教教师充分发挥课堂教学的功能和作用；个性课是在高效课基础上，教师的教学风格有特色，学生的个性得以充分发展；魅力课最高境界的课，最大的特点就是教学相长上的相得益彰。好课是名课的前置条件，什么样的课才可以称之为好课，不同学者有不同的标准。

一、好课标准的十二字

华东师范大学课程与教学研究所所长教授博士生导师崔允漷教授将好课的标准概括为十二个字，如图3-1-1所示：

图3-1-1　好课标准十二字

崔允漷教授认为要做到上述的十二字，授课教师要认真思考如下问题：是否创造了学生发展良好的环境氛围；是否提高了学生的参与度与思维度；是否激发了学生的主动性和创造性；是否统一了教学的规范性和创新性？是否落实了知识、情感、思维、技能目标？在崔教授的看来，一节"好课"是能让授课教师感受到幸福，让学生高度参与，让学生快乐、自主地学习。崔允漷教授的好课十二字从教师的教，学生的学和最终的教学成果评价三个方面界定了好课的标准，非常值得一线教师加以揣摩。

二、好课标准的十个化

华东师范大学郑金洲教授教授将"好课"的标准概括为"十个化"，具体如图3-1-2所示：

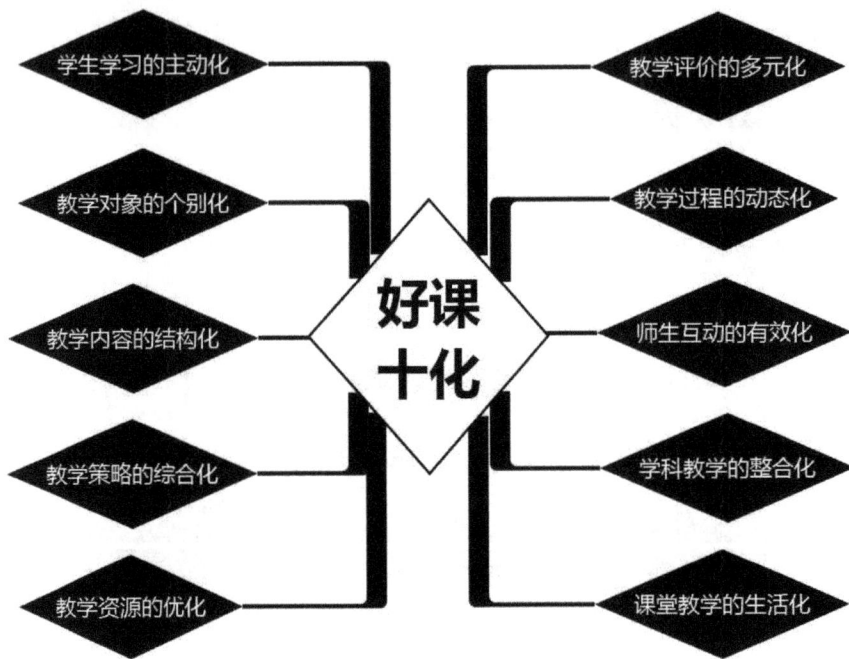

图3-1-2 好课标准的十个化

课堂教学的生活化主要是从心理学角度出发，通过将学生日常生活中的相关经历、经验及活动与教学内容的有机结合以提高学生的课堂参与度。这一教学策略在一线教师得到了肯定，也让许多教师在实践中收获了成功。

学生学习的主动化是基于"以学为本"的教育理念所提出的，学生是课堂学习的主体，所有的教学行为都为其发展而服务。课堂教学中执教者是否强化学生学习主动化实现，其彰显了教师教育理念的先进性与否。

师生互动的有效化是对教学过程的具体化要求，师与生的互动是课堂教学中最具有魅力的活动过程，同时是评价课堂教学有效与否的重要内容。表面的红红火火、热热吵吵并不代表师生互动的有效性水平很高，那只是有效互动的外在形式而已。

学科教学的整合化主要针对庞大的知识内容，教师如何通过合理的途径与手段加以整合，从而提高教育功能的最大化。虽然，一本教材已经将相关知识内容进行了一定的整合，但是根据学生的学习状态，课堂教学环境的变化，还是需要二次整合。

教学过程的动态化的观点的提出非常准确地将教学过程加以定位，教学实践证明课堂教学过程是一个处于不断变化的过程，课前所设计的教学手段、教学策略等都会顺着教学过程的推进而要进行调整，否则教学就会遇到困难。

教学资源的优化是针对当下一些教师在教学资源运用过程中所出现的不合理问题的理性思考。"360百科"将"教学资源"解释为：教学资源是为教学的有效开展提供的素材等各种可被利用的条件，通常包括教材、案例、影视、图片、课件等，也包括教师资源、教具、基础设施等，广义教学资源可以指在教学过程中被教学者利用的一切要素，包括支撑教学的、为教学服务的人、财、物、信息等，狭义教学资源（学习资源）主要包括教学材料、教学环境及教学后援系统。总之，教学资源可以理解为一切可以利用于教育、教学的物质条件、自然条件、社会条件以及媒体条件。所以，针对上面这么多的内容，必须要优化的前提下加以运用，从而有效提高教学资源的教辅作用。

教学内容的结构化主要是针对纷杂的学科知识或相关技能合理搭配教学而提出的。所谓教学内容是学与教相互作用的过程中有意传递的主要信息，一般包括课程标准、教材和课程等。教材不等于教学内容，教材仅仅是形成教学内容的一个"载体"。教材的具体内容由事实、概念、原理及它们的内在联系构成，教学内容来自师生对课程内容、教材内容与教学实际的综合加工。在我国把规定教学内容的文件称作课程计划、课程标准和教科书，这都是教学内容的具体化。

教学策略的综合化是对如何发挥教学策略最大功能而提出，其教学策略是为实现某一教学目标而制定的、付诸教学过程实施的整体方案，它包括合理组织教学过程，选择具体的教学方法和材料，制定教师与学生所遵守的教学行为程序。当下，随着教育技术的发展，也出现了许多新的教学策略，如移动终端技术下的翻转课堂。但是，这并不代表传统教学策略要退出历史舞台。

教学对象的个别化主要是解决教学对策差异化发展问题。当下，随着独生子女数量的增多，在孩子的教育问题上个别化教育成为社会关注的热点和焦点。落实到具体的课堂教学，对于执教教师而言是不小的挑战。

教学评价的多元化是相对于传统评价的单一性而提出，在新课程教育理念日益被接受和推崇背景下，教学评价也强调多元化模式的升级。

郑金洲教授好课标准的十个化，让我们对什么是好课有了一个具体的认识，非常值得教师们加以研读和实践。

三、好课标准的五个实

中国著名教育家叶澜认为课的标准应该满足五个实，具体如图3-1-3所示：

图3-1-3　好课标准的五个实

叶澜教授对图3-1-3中的五个实做了如下解读：

做到扎实需要一节课有意义。有意义可以从学生学习角度分为三个等级：初级意义——学到东西；中级意义——锻炼了能力；高级意义——有良好的、积极的情感体验，产生进一步学习的强烈需求。

做到充实需要一节课有效率。有效率表现在两个方面：一是对面上而言，这节课下来，对全班学生中的多少学生是有效的，包括好的、中间的、困难的，他们有多少效率；二是效率的高低，有的高一些，有的低一些，但如果没有效率或者只是对少数学生有效率，那么这节课都不能算是比较好的课，整个过程中，大家都有事情干，通过教师的教学，学生都发生了一些变化，整个课堂的能量很大。

做到丰实需要一节课有生成性。一节课不完全是预设的结果，而是在课堂中有教师和学生真实的、情感的、智慧的、思维和能力的投入，有互动的过程，气氛相当活跃，这个过程既有资源的生成，又有过程状态的生成。

做到平实需要一节课的常态化。课堂的价值在于师生碰撞，相互讨论，生成许多新的东西。这样的课称为平实的课，不仅现在可以上，什么时候都可以上……不管谁在听课，教师都要旁若无人，心中只有学生。

做到真实需要一节课有待完善性。好课也不可能十全十美，它应该是真实的、不粉饰的、值得反思的，也应该可以重建的。真实的课就一定会存在缺憾，虚假的课虽可取得一时半会儿的成功，但不利于教师的专业发展。

叶澜老师提出的"五实"评价标准为我们怎样设计好一节课和如何具体实践做了详尽解答，也为我们业务素质和教学能力提高指明了方向。

除了上述几位大家所给出的好课标准之外，也有人认为一堂好课的标准是：学生眼睛"一瞪"，听课老师眼睛"一亮"，授课老师眼睛"一闪"。还有一些教师认为，评价一堂课的好坏，重要的是看通过这堂课的教学，学生究竟学到了什么知识，受到了多少启发，能对学生产生怎样的影响。

综上所述，通过不同途径看到了不同学者和教师们对好课标准的不同界定，虽然众说纷纭，但是笔者认为无论评价者处于何种身份或者角色，对于好课标准界定都离不开教师、学生、教学手段、教学过程以及教学环境等这些教育基本要素。同时，笔者认为课程改革的关键在于课程实施，课堂教学质量的高低是课程实施实际效益的直观评判，而一堂好课除了受制于经验理性之外，更重要的是受评价标准的规约和牵引。因此，把一堂好课的评判标准放在发展性评价视野中进行审视是课堂教学评价改革的应有之意。

第二节 名课典型个案解析

名课案例一 生活中的号码①

使用教材：华东师范大学出版社义务教育课程标准实验教科书《数学》七年级（上册）。

设计思路：生活中有数学，学生在有理数与整式两章知识的学习中，体会到了用抽象的文字代替具体的数，也就是用符号表达某种对象，而生活中诸多的号码的存在）正是这种数学思想的广泛应用，本节教学以身份证号码为展开教学活动的突破口，进而引导学生进行发散思维，将数学活动引入更广阔的实际生活中去，在对生活中的数学知识进行挖掘的过程中，使学生体会分类、排序、归纳等数学思想方法，体会数学的应用价值，提高合作能力。

教学目标：在对生活中的数学问题的挖掘过程中，进一步强化学生的数学符号感，并从中获得一些分析、研究和解决问题的方法和经验。学生能主动参与、勇于发现，提高学习的主动性，学会合作探究、交流归纳的学习方法，增强技能，体验学习的快乐。

教学过程：

一、走进生活，发现数学

师：（举起一把椅子）同学们昨天晚上在操场上看电影的是哪

① 史峰."生活中的号码"教学设计及评价[J].中小学教学研究,2005(3)：25-26.

个班级？讨论一下，有没有办法找到椅子的主人？

生讨论。

师：请把你们的方案说出来。

生A：到学校的广播室喊一下。

生B：我看还是到各班里问一下吧。

生C：老师，我只需要看一看椅子上的号码，就能知道是哪个班的。

师：说说看。

生C：（翻看椅子上的号码）老师，号码是021234，我能马上知道这把椅子是初二12班学号为34号的学生的椅子。

师：（表扬生C）这位同学知道椅子上编码的秘密，所以很快认定了椅子的主人，同学们不妨看看你自己的椅子上的号码，看看与自己的实际情况相符吗？

生：开始看自己的椅子，讨论认识椅子上号码的含义。

（评析：执教者从学生生活中的一个常见事例引入本节新课，做到了学习过程的生活化。并且，所举例的生活片近距离的、易感知的、乐于思考的，有效地将学生引入生活情境中。）

二、生活中的号码展示

师：同学们！老师让大家利用课余时间找一找生活中的号码，都找到了吗？

生：找到了。（学生把前期收集的各处号码进行展示。）

众生举例：电话号码7223451，邮编276600，杂志刊号CN 221-335/G4，汽车牌照：鲁Q972112，身份证号372824168001120051。

师：哇！生活中的号码真是太多了。前面有个同学举了一个身份证号码。我们国家1987年开始实行了身份证制度，你们一出生国家就给你编制好了你们的身份证号码。大家回家查户口簿上你的身份证号码了吗？

生：查过了。

师：我们进行一项研究，请大家通过小组里记录下的成人身份证号码，仔细观察各人身份证号码的相同之处与不同之处，看看身份证是如何把每一个人区分开来的。

（评析：由生活的普遍性问题，一步步推进到特殊性问题中来，引导学生在众多的生活号码中关注身份证号码，为下一步的合作探究做好了准备，教学环节过渡自然，有吸引力。）

三、合作探究，探寻规律

学生通过小组讨论身份证号码的异同点，对身份证号码的每一位数字进行猜测、分析，寻找答案，认识其中规律。板书学生举例的身份证号码：

372824199003190441

372824199109142432

37282419920313001X

372824199003100013

372824199203010023

372824199102190021

…………

（评析：身份证的内容对学生来说比较生疏，发现身份证号码的规律对学生来说有挑战，能激发学生的探究热情；同时，一个人无法完成规律的探索，只有大家将不同的号码聚到一起时，从诸多的素材中才能发现完整的规律，所以在这个探索过程中，学生之间的合作成为必然。）

四、成果展示，思维拓展

（各小组对自己的探究结果作出发言，组织交流，共享发现的快乐。)

生：37表示山东，28表示临沂，24表示莒南，19900319表示出生年月日为1990年3月19日。

师归纳并举例：对，对，前6位号码分别表示行政区域代码。例如，110101北京市东城区，120110天津市东城。第7位至14位表示出生日期码。例如770314表示1977年3月14日出生。

师启发：后面四位号码的意义是什么呢？请同学讨论。

探究后几位号码意义：

小组1：0021表示出生时间晚上9点。

小组2：最后4位数中奇数表示性别为男，偶数表示性别为女。

小组3：最后4位表示姓氏。

小组4：最后4为表示出生地。

小组5：最后4位表示出生的顺序号。

师归纳：第15-17位为顺序码，第17位奇数为男，偶数为女。

讨论第18位用处：

小组1：表示在哪个公安局办理。

小组2：X表示未定。

小组3：表示未成年。

小组4：超过2000年的都用X。

小组5：表示职业，X表示自由职业者。

小组6：X表示未成立家室。

师激励：看来身份证号码中还隐藏着许多秘密，我请大家在课下做一个调查，去发现第18位号码的含义好吗？

生：好。

（评价：拓展性研究，难度渐渐增大，一步一环，层层递进，将学生完全引导于研究的状态中去，最后留有悬念，将数学活动拓展到课外，体现了学在课上，实践在课外的教学思路。

五、布置作业

A.继续研究身份证号码的含义。

B.确定一种常见的生活中的号码等。

C.通过研究发现其中的规律，如车牌号、条形码等。

（总评：通过本节课的教学，教师让学生进一步体会到数学来源于生活，又作用于生活，取材学生生活中熟悉的材料做学问，学生学习兴趣很高。同时通过本节课的教学，让学生初步学会分析问题和解决问题的一般方法，使学生学有所得。本节课采用分小组学习、讨论的形式培养了学生的团结协作能力、让学生从合作学习中有所提高，从与他人的交流中碰撞出思维的火花，加强了学生发现问题能力的培养，学生能发现问题，然后小组讨论，全班解决，效果很好。）

名课案例二　菩萨蛮·书江西造口壁

四平市第二实验小学　赵秀霞

教学目标：

1.理解词语的意思，体会文章的情感。

2.通过朗读、分析、质疑体会文章所表达的思想感情。

3.理解文章的字里行间的情感，体会爱国之情。

教学过程：

课堂导入：播放视频（1分钟经典朗读）。同学们，视频欣赏完之后，想必你们和老师一样心潮澎湃！我们中华民族，有着五千年悠久灿烂的文化。而唐诗宋词就像是我们中国文学的长江黄河，至今滋养着我们。在这里，我们能找到"大江东去"的豪放，也能找到"寻寻觅觅、冷冷清清，凄凄惨惨戚戚"的缠绵婉约。无论何时何地，随口吟咏一首诗或词或其中的名句，都会让我们心中激荡，充满诗意。今天的这节课，我们将继续我们的宋词之旅。一起走进辛弃疾的《菩萨蛮·书江西造口壁》。

（评析：采用激昂的视频从感官上对学生进行刺激，激发学生兴趣！）

师：今天，我们要学习的菩萨蛮是这首词的词牌名，书江西造口壁是标题。书的意思是书写，大家都知道，当作"书写""题写"的意思讲，你还在哪首古诗里见到过？（《回乡偶书》，贺知章）造口，镇名，江西省万安县西南六十里处。谁能说说题目的意思？

生：题写在江西造口墙壁上的一首词。

师：同学们，我们曾经学过辛弃疾的《清平乐·村居》。谁能为大家介绍一下词人。

师：这首词要表达作者怎样的感情呢？大家都预习了吗？

（评析：问题引导教学。）

师：请同学们打开课文，出声地读两遍这首词，争取做到文通字顺，开始！

好，刚刚你们读得很有味道！下面，谁能一个人来给大家再朗读一遍！

生积极参与。

师：读得不错，不仅每个字音读得都非常准确，而且还注意到上阕与下阕之间的停顿。好，请一名同学再来读一遍，大家比较一下，他读得怎么样？

生讨论热烈，发言积极。

师：先给大家三分钟的时间，请同学们借助书下的注释、工具书以及查找到的资料，自己想一想这首词的大概意思并和同桌之间相互交流。

（评析：任务驱动，小组合作，有效激发了学生的探究学习。）

师：请一名同学来说一说这首词上阕所写的内容。（可怜长安）

[郁孤台下这赣江的流水，水中有多少行人的眼泪。我举头眺望西北的长安，可惜只见到无数的青山。（可惜无数的青山挡住了我的视线）]

师：谁能说一说这首词下阕所写的内容？

[但青山怎能把江水挡住，浩浩江水终于向东流去。江边日晚我正满怀愁绪，听到深山传来声声鹧鸪（鹧鸪是鸟名，叫声悲切，在中国古典诗词中，鹧鸪极容易勾起人满腔的愁绪），使人愁上加愁。]

聚焦重点字词：

"愁"！

师：此时此刻大家能体会到词人在写这首词时内心有怎样的情感吗？（板书：愁）（能把一首词读成一个词，这就是本领啊！）

"怀古词"！

师：通过我们对这首词题目及内容的理解，可以明显知道这是一首怀古词。既然是怀古词，那我们在朗读的过程中，就要读出它的情感！要注意，三分词，七分读，要用心体味，带着这种愁情去读。（另找一名同学来读一读。）

师：我认为他体会到作者辛弃疾内心的愁绪了。

师：大家结合这首词想一想，他"愁"的是什么呢？

"行人泪"！

生：行人泪。（板书：行人泪）

师："郁孤台下清江水，中间多少行人泪"，词人愁在流不尽的行人泪。这行人是一般的旅游在外的行人吗？

生：不是。

师：那是怎样的行人？（被金兵骚扰而流离失所的人。）回想47年前，金兵铁骑沿赣江一路到造口，词人辛弃疾仿佛看到了什么？他可能想到了什么呢？请同学们发挥你们的想象力，对省略号部分进行补充。为了让大家深入思考，老师为大家配上音乐。大家看到的就是"行人泪"背后那令人心碎的画面啊！想到的就是辛弃疾内心的感慨与忧愁。

那这"行人泪"又是怎样的"泪"呢？（痛失亲人的泪、苦苦期盼的泪、家破人亡的泪、充满仇恨的泪……）

师：这行人泪是逃难民众的血泪啊。联想到当时南宋的命运危在旦夕。想到金国侵略者的滔天罪行，他满腔愁绪啊！（找同学读这两句。）

表达了词人有一颗怎样的心？（板书：忧民）

"望长安"！

师：请同学们再看一看这首词，他还为何而愁呢？

生：词人向西北望着故都，但是视线被无数山遮挡住了。（板书：望长安）

师：在这兵荒马乱的年代，词人为什么不是眼望自己的家乡，而是望长安啊？（板书：忧国）

师：我们都知道，这里的长安指的是？（汴京）对于汴京，你们想了解吗？

师：（课件展示《清明上河图》，伴随音乐介绍汴州）汴梁曾经是北宋的都城，是当时历史上最发达、最繁荣的一个城市。北宋画家张择端的这幅《清明上河图》，就生动地再现了一个都城的繁华与富裕：风景如画、街道纵横、店铺林立、人来人往、富足安宁……但是这一切都不复存在了，从城门被金兵攻破的那一刻起，从北宋的最后两个皇帝被俘成为阶下囚起，就不复存在了。山河破碎，城市萧条，百姓流离失所。词人也只能身在异地眼望国都，如果你就是词人，此时此刻你有怎样的感慨呢？

生：词人背井离乡，有家难回，悲凉的心情。生：希望朝廷早日出兵收复中原失地。

生：当朝权贵只顾饮酒作乐，昏庸无道。

师：所以只能眼望长安，但他能看得见吗？

生：看不见！

师：对，看不见，于是诗人愁从中来！不仅失地不能收复，就连看一眼故都都是一种奢求啊！这里也暗含着收复中原的壮志受到种种阻碍，无法实现的感叹。

师：能把这种感受通过朗读表达出来吗？（读词）

"遮不住"！

师：虽然词人辛弃疾一生都没得到南宋朝廷的重用，但他放弃自己的理想了吗？被挫折打败了吗？从哪儿看出来的？

生：青山遮不住，毕竟东流去。

师：你是怎么理解这句词呢？

生："无数山"可以遮住人们眺望故国的视野，但却不能阻挡日夜东流的江水。

师：诗人仅仅是在写景吗？

生：不是。

师：那诗人想通过眼前之景表达什么？

生：含蓄地传达了词人对抵抗外敌，光复山河的坚定意志。

（板书：言志）

师：眼前的无数山，挡得住的是诗人的视线，但挡不住的是什么？——诗人爱国、报国的心！（读词）

师：词人的爱国情犹如滔滔的江水向故都流去，势不可挡。在词人看来，驱逐金兵，收复失地的理想一定会实现。（读词）

同学们，这就是辛弃疾，一生忧国忧民却无法施展自己的伟大抱负，只能通过写词的方式抒发他满腔的愁情，同时表达自己心中坚定的志向。这首《菩萨蛮》也成为荡气回肠的千古绝唱。我们再来品读一下这首词吧！

伟大的诗人，总是把自己的命运与民族、国家的命运联系在一起，与之同呼吸，共命运。其实，具有这种伟大思想的又何止辛弃疾一人呢？你还知道哪些爱国诗人？

从远古走来，我们看到了"哀民生之多艰"的屈原，也看到了"安得广厦千万间，大庇天下寒士俱欢颜"的杜甫，看到了"先天下之忧而忧，后天下之乐而乐"的范仲淹，也看到了"位卑未敢忘忧国"的陆游，看到了"天下兴亡，匹夫有责"的顾炎武，看到"横眉冷对千夫指，俯首甘为孺子牛"的鲁迅，他们一直以天下为念，执著追求着最高尚、最完美的理想，他们是我们民族的精神脊梁，支撑了我们整个中华民族，鼓舞着我们！（幻灯片展示诗句。）

好！让我们再次诵读这些诗句，感受伟人的情怀、英雄的气魄，让他们的精神熏陶我们，我们通过努力也为我们的祖国作出自己的贡献！（学生齐读。）

同学们，你们是祖国的希望！肩负着建设祖国的重任，老师想用梁启超的这段话送给你们：故今日之责任……愿少年的你们，心怀祖国，努力学习，将中华民族的传统美德发扬光大！

（总评：透析本课的教学设计，教师运用了任务驱动法、小组合作探究法、多媒体教学法、问题引导法等，在教学过程中做到了循序渐进、层层递进，通过对关键词、关键句的重点解读让学生对古代诗词产生了浓厚的学习兴趣。整个教学生动、有趣、有效，非常值得借鉴。）

名课案例三 *Unit 6 Meet my family Part B*

四平市第二实验小学　郑　丹

一、设计的理念

根据小学新课程标准，在教学中要采用任务型教学，设计主题鲜明的活动，强调"从学生的学习兴趣、生活经验和认知水平出发"。所以，在本课中我注意在趣味上下工夫，努力使课堂气氛处于活跃的状态中。

二、教学内容分析

1.教材分析

本课时的教学内容是人教版小学英语四年级上册 *Unit 6 Meet my family Part B* 一课，主要涉及的语言点是学习有关职业的名称以及询问和叙述某人的职业。

2.学情分析

本课教学对象是四年级学生，他们有一定的单词量，已经掌握了一些简单的问候语和对话，并能有秩序地参与课堂的游戏和活动。学生活泼好动，好奇心强，爱模仿，好表现，对英语的学习兴趣浓厚，但不能持久。因此，需要具体的教学材料以及灵活多样的教学方法来引导学生进行学习。

3.教学目标

知识目标:能听说读写单词doctor,nurse,driver,cook,farmer;能

听懂,会说句型 What's your father's job? My father is a doctor.

能力目标:能够简单介绍自己和他人的工作,学会询问别人的职业,并能在实际情景中运用。

情感目标:使学生通过本课的学习,知道工作 Jobs 没有贵贱之分,只有分工不同,使学生懂得要尊重各行各业的人.

4.教学重、难点分析

本节课的核心任务是让学生通过学习,能熟悉掌握5个表示职业的单词,能正确、自如地询问他人的职业,询问和叙述某人的职业。教学重点:掌握五个单词和询问人物职业的表达法。重点句型:What's your father's job?My father is a doctor。难点:docto 和 driver 的读音,her 和 his 的用法。

5.教具准备

多媒体课件,单词图片、自制单词翻页卡等。

6.教法设计

本课主要学习询问职业的知识,与学生日常生活有着密切的联系。因此,我采用愉快教学法、情景教学法、听说教学法等教学方法,在教学过程中,通过听、说、玩、演、练、唱,使学生熟练地掌握与运用本课的知识;同时充分利用各种教学媒体,积极调动学生的学习积极性,激发兴趣,使教学任务在轻松、愉快的氛围下完成,学生能学以致用。

三、教学过程

本课我通过创设氛围,复习旧知,情景激趣,呈现新知,巩固操练,强化运用,拓展延伸,学以致用,课后作业等步骤进行设计。

1.创设氛围,复习旧知

通过师生问好营造轻松愉快的英语学习氛围,同时积极调动学生的积极性，把他们的注意力集中到英语课堂中来。在复习环节中，我设计了家庭成员的猜谜游戏，通过英语描述，让学生通过分析说出其相应家庭成员名称，既复习了单词，又为新课做了铺垫。

2.情景激趣，呈现新知

英语教学倡导在情境中学习，所以首先我创设了 Amy 的一家人，让学生看屏幕听 Amy 讲关于她家人的故事。通过形象的卡通人物，优美的语音语调，使学生们沉浸在故事中，初步了解了本课的学习内容，使学生在情境中自然地学习。

本课的重点我放在了单词的学习上，比如在讲授单词teacher，doctor，nurse时，我根据故事内容让学生根据提示选择正确的图片或单词。并通过多种形式反复操练。doctor单词的拼写较难，为了学生能够记忆，我设计了记忆口诀，通过形象的动画设计，朗朗上口的口诀，相信学生一定能记住单词的拼写。我还引用医生的一句话，通过师生齐唱歌曲，又巩固了doctor的学习。另外还拓展节日 Nurse Day，使学生了解了一个节日文化。

通过猜一猜的形式引出单词driver，重点强调dr，v的发音。扩展了短语taxi driver，bus driver，train driver。

通过单词翻页卡的形式来训练学生单词拼读能力和字母组合oo的发音规律，有助于学生记忆。

在教授单词farmer时，采用以旧引新教学词汇。我设计的意图是，引导学生在感悟、体验与尝试中通过已学的单词，导出该职业的名词，让学生掌握新旧知识的内在联系，有效地运用。

单词的学习是为了能更好地在句子中进行表达，在学习完teacher单词后，我用I'm a teacher. My mother is a teacher. 引出询问他人职业的问答What's your father's job?这一句式,再通过反复操练的形式，让学生在练习中提高语言运用的能力。我在教学中遵循"词不离句"的原则，每一个单词的呈现，都伴随着语言的渗透。从单词到句子再到课文的学习，是循序渐进的一种方式，从引出单词到学生用新词说句，从课文教学到拓展延伸都是从易到难，循序渐进。

3.巩固操练，强化运用

在巩固操练环节中，我通过快速读单词，单词连线，阅读短文判断对错来进行巩固。我设计了"点赞"的活动。通过"点赞"后的结果，我对学生进行了品德教育，说明工作 Jobs 没有贵贱之分，只有分工不同，要学生懂得要尊重各行各业的人.

课堂预设：我觉得这个环节设计会是本课的一个亮点，通过学生动脑、动口、动手参与的形式，既在句子中操练了单词，又调动了学生的参与热情，又能适时对他们进行德育渗透，了解每一种职业都有其重要性。

4.拓展延伸，学以致用

（1）职业拓展

扩展环节选取的素材是其他不同职业的人物。鼓励学生用句型"I want to be a ..."来畅谈自己的理想。既锻炼了学生的口语表达能力，又教育了孩子对美好未来的向往.

课堂预设：学生对这一环节兴趣浓厚，纷纷表达自己的理想愿望。此时的学生可以根据自己本课学习的职业单词和老师拓展的单词来表达自己的理想。也可以允许学生用中文说出未学过的职业类单词，这必定能激发他们想要用英语来表达的愿望。在这种状态下学生的学习愿望完全是自发的，而不是老师空洞地灌输。

（2）小组合作环节

结合本节课的学习，我又出示了 Amy 一家人的图片，以小组合作的形式说一说Amy一家家庭成员的职业，并以口头作文的形式叙述出来，实现了语言的交际功能，达到了综合运用的能力。

5.课后作业

布置的作业是一个小调查，让学生调查家人的职业，并制成表格，向全班同学汇报。通过具有层次性的作业设计，兼顾到学生复述、理解、写作等各方面能力的发展，引导学生学以致用。

（总评：设计者从学生的学习兴趣，生活经验和认知水平出发采用愉快教学法、情景教学法、听说教学法等教学方法，在教学过程中，通过听、说、玩、演、练、唱，使学生熟练地掌握与运用本课的知识，同时充分利用各种教学媒体，积极调动学生的学习积极性，激发了学生的课堂参与兴趣，使教学任务在轻松、愉快的氛围下完成。可以看出，设计者有较强的课堂设计驾驭能力，对自己的教学对象和教学内容有充分的了解与掌握。）

名课案例四　圆的周长

四平市第二实验小学　鲁斌娜

教学目标：

通过教学引导学生让学生对什么是圆的周长知识点加以理解和掌握，并掌握圆周率的意义和近似值；初步理解和掌握圆的周长计算公式，能正确计算圆的周长；培养和发展学生的空间观念，培养学生抽象概括能力和解决简单的实际问题能力；培养学生的观察、比较、分析、综合及动手操作能力。

教学重点：理解和掌握圆的周长的计算公式。

教学难点：对圆周率的认识。

教学准备：

1.学生准备圆片各三个，有圆面的物体各一个，线，直尺，每组准备一个计算器。

2.教师准备图片。

教学过程：

一、创设情景，生成问题

情景故事导入：（龟兔赛跑）乌龟沿着正方形路线跑，兔子沿着圆形路线跑，结果兔子获胜。乌龟心里很不服气，它说这样的比赛不公平。同学们，你认为这样的比赛公平吗？

二、探究新知

（一）复习正方形的周长，猜想圆的周长可能和什么有关系。

1.由比较两种跑道的长短，引出它们的周长。你会算吗？（如果学生谈到角或线的形状，就顺势引导：正方形是由4条这样的线段围成的，圆是由一条圆滑的曲线围成的。）

2.（生答：正方形的周长。）追问：你是怎么算的？（生答：正方形的周长=边长×4。师板书：c=4a。）那你们说说正方形的周长和它的边长有什么关系？（4倍，1/4）（师：正方形的周长总是它边长的4倍，这是一个固定不变的数。）

3.圆的周长能算吗？如果知道了计算的公式能不能算？看来很有必要研究研究圆的周长的计算方法，下面我们就一起研究圆的周长。（板书课题：圆的周长）

4.猜想：你觉得圆的周长可能和什么有关系？

（二）测量验证

1.教师提问：你能不能想出一个好办法来测量它的周长呢？

①生1：把圆放在直尺边上滚动一周，用滚动的方法测量出圆的周长。师生合作演示量教具的周长。

②用绳子在圆上绕一周，再测量出绳子的长短，得到这个圆的

周长。

2.学生动手测量，验证猜想。学生分组实验，并记下它们的周长、直径，填入书中的表格里。

观察数据，对比发现。

提问：观察一下，你发现了什么呢？（圆的直径变，周长也变。直径越短，周长越短；直径越长，周长越长。圆的周长与它的直径有关系。）

3.比较数据，揭示关系。

正方形的周长是边长的4倍，那么，圆的周长跟直径之间是不是也存在着固定的倍数关系呢？猜猜看，圆的周长可能是直径的几倍？

学生动手计算：把每个圆的周长除以它的直径的商填入书中表格的第三列。

提问：这些周长与直径存在几倍的关系？（3倍多一些。）最后师生共同总结概括出，圆的周长总是直径的3倍多一些。板书：3倍多一些。到底是三倍多多少呢？引导学生看书。

（三）介绍圆周率

1.师：任意一个圆的周长都是它直径的三倍多一些，这是一个固定不变的数，我们把它叫做圆周率，用字母π来表示，用手指写一写。

2.圆周率是怎样发现的，请同学们看课本小资料，讲述并对学生进行德育教育。

3.小结：早在1 500年前，祖冲之把圆周率算到了3.141 592 6和3.141 592 7之间，比外国人早了整整一千年，这是中华民族对世界数学史的巨大贡献，今天，同学们自己动手也发现了这一规律，老师相信同学们当中将来也会有成为像祖冲之一样伟大的科学家。根据需要，我们一般保留两位小数。

圆的周长总是它直径的3倍多一点。刚才我们是怎样计算的？两个数相除又可说成是两数的比，所以这个结果就是圆周长与它直径的比值。我们把圆的周长和直径的比值叫做圆周率，用字母"π"表示。这个比值是固定的，而我们现在得到的结果有差异主要是测量工具及测量方法有误差造成的。那圆周率的数值到底是多少呢？说说你知道了什么。（强调π≈3.14，在说的时候要注意是近似值，写和算的时候要按准确值计算，用等号。）

（四）推导公式

1.到现在，你会计算圆的周长吗？怎样算？

2.如果用c表示圆的周长，表示d直径，字母公式怎样写？（板书：$c=\pi d$）就告诉你直径，你能求圆的周长吗？圆的周长是它直径的π倍，是一个固定不变的数。

3.知道半径，能求圆的周长吗？周长是它半径的多少倍？

三、运用公式解决问题

1.一张圆桌面的直径是0.95米，求它的周长是多少米？（得数保留两位小数）

2.花瓶最大处的半径是15厘米，求这一周的长度是多少厘米？花瓶瓶口的直径是16厘米，求花瓶瓶口的周长是多少厘米？花瓶瓶底的直径是20厘米，求花瓶瓶底的周长是多少厘米？

3.钟面直径40厘米，钟面的周长是多少厘米？

4.钟面分针长10厘米，它旋转一周针尖走过多少厘米？

5.喷水池的直径是10米，要在喷水池周围围上不锈钢栏杆2圈，求两圈不锈钢总长多少米？

四、课堂小结

通过这节课的学习你想和大家说点什么？这节课，同学们大胆猜想圆的周长可能和什么有关系，有怎样的关系，然后进行科学的验证，发现了圆的周长的计算方法，你们正在走一条科学的研究之路，希望你们能坚持不懈地走下去!

（总评：教师通过龟兔赛跑的经典故事完成了教学内容的导入，有效激发了小学生的学习兴趣，利用有效的问题设计逐步引导孩子对教学内容知识点的理解与掌握，师生在有效地互动过程中顺利完成了本节课的教学任务。无论从教学设计，还是课堂组织过程，都可以看到鲁斌娜具有较深的水平。本节课的教学对于一线教师具有较高的参考和借鉴价值。）

名课案例五　数学广角——推理

四平市第二实验小学　冷亚娟

教学目标：通过观察、猜测等活动，让学生经历简单的推理过程，理解逻辑推理的含义，初步获得一些简单的推理经验；通过日常生活中的简单的事例，让学生进行分析、推理得出结论，培养学生初步观察、分析与推理的能力和有条理地进行数学表达的能力；使学生感受推理在生活中的广泛运用，初步培养学生有序、全面地思考问题的能力。

教学重点：理解逻辑推理的含义，经历简单的推理过程，初步获得一些简单的推理经验。

教学难点：初步培养学生有序地、全面地思考问题及数学表达的能力。

教学过程：

一、游戏导入

游戏：猜一猜硬币在哪只手中？

师：同学们，你们喜欢玩游戏吗？

生：喜欢。

师：接下来老师将带领同学们玩一个"猜一猜"的游戏，老师的两只手拿着两件物品，猜一猜老师左手拿的是什么？右手拿的又是什么？看谁猜的准？

师：大家猜什么的都有，那到底是什么？

下面老师给你一个提示：老师的一只手拿的是一块橡皮，另一只手拿的是一枚硬币，你们再来猜一猜。

师：这两种情况，到底是哪一种？你们能确定吗？

生：不能！

师：老师再给你们一个提示：老师右手拿的不是硬币，同学们，你们现在能猜出来吗？

生：右手拿的是橡皮，左手拿的是硬币。

师：你能说一说你是怎么猜的呢？

生：右手拿的不是硬币，我们可以肯定右手拿的是橡皮，左手就是硬币了。

师：你们同意吗？下面就让我们共同见证一下。

师：刚才同学们根据老师的提示，猜对了老师左右手拿的物品，非常棒！通过刚才的游戏，你们明白了什么呢？

师：对，同学们回答得真好，这就说明在猜的时候，我们不能漫无目的地随便猜，而要根据所给的条件来猜，像这样根据已知信息和条件，逐步推出结论的过程，在数学上我们称为推理，今天这节课，老师就和同学们一起来进行一些简单的推理。（板书：推理）。你们能不能用我们刚才的方法再猜一猜。（课件出示）

二、探究新知

例1：有《语文》《数学》《品德与生活》书，小红、小丽、小刚三人各拿一本。小刚拿的是什么书？小丽呢？

师：同学们，请你们认真阅读，然后告诉老师，从题目中你发现了哪些信息？

生：有三本书，《语文》《数学》《品德与生活》。

生：有三个小朋友，分别是：小红、小丽、小刚。

生：他们三人各拿一本书。

师：下面三人各拿一本，这个信息是什么意思呢？

生：他们三人拿的书都不相同。

师：下面我们来看看三个小朋友都说了什么话？（课件出示小红说的话，小丽说的话。）

生：小红说：我拿的是《语文》书。小丽说：我拿的不是《数学》书。

师生活动。拿三本书：《语文》《数学》《品德与生活》，请三位小朋友上来。

师：题目中要让我们求什么？（课件出示问题：小丽拿的是什么书？小刚呢？）

师：很好，那他们到底拿的是什么书呢？请同学先独立思考，把自己的想法在小组内讨论交流，并用自己喜欢的方式记录下来。

学生汇报。

生1：小红拿的是《语文》书，那小丽和小刚拿的就是《数学》与《品德与生活》书，小丽又说她拿的不是《数学》书，她肯定拿的就是《品德与生活》书了，剩下小刚拿的就是《数学》书了。

生2：用连线的方法。把人名和书名写成两行，然后根据小红拿的是《语文》书，所以小红就与《语文》书连在一起了，剩下的小丽和小刚就只能连《数学》和《品德与生活》书了，小丽又说，她拿的不是《数学》书，那小丽肯定拿了《品德与生活》书了，再连上线，最后小刚拿的就是《数学》书了，再连线。

师：刚才你们发现了这两种方法都很棒，老师今天也给大家带来一种新的方法，表格法。我们一起看大屏幕，来完成这个表格，在你的学习单上完善一下表格法。

师：孩子们，我们再来回顾一下解决问题的过程。先看题中的数学信息，用不同的方式来进行整理。（板书：整理信息）接下来我们就进行有序分析。能确定的就要先确定。（板书：先确定）

师：接下来呢？在剩下的条件中，我们可以根据已给的条件，能排除的先排除。（板书：再排除）不仅要有序地思考，还得全面地思考。（板书：全面思考）最后得出结论。

师总结：我们在推理时一般要先找到最关键的条件，有序并全面地思考，能确定的先确定，然后在剩下的条件中，能排除的先排除，最后我们就能推出结论了。（板书：推出结论）刚才我们共同探讨了三种方法。我们在以后的推理过程中可以根据需要选择合适的、自己喜欢的方法。

三、实践应用

师：通过刚才的共同学习，同学们都已经学到了一些推理知识，老师想考考你们，你们接受挑战吗？让我们进入智慧大挑战：

第一关：找小狗。

第二关：猜图形。

第三关：巧妙猜密码。

第四关：猜名次。

四、课堂总结

同学们，你学会了什么？学得开心吗？通过这节课的学习，同学们个个都可以当小侦探了。老师还想告诉你们一个秘密，其实，你们早就在一年级的时候，就学习过推理了，推理在我们的数学学习中就经常遇到，像我们以前做的数字推理、图形规律推理等等。推理是一个非常重要的数学思想方法，希望小朋友在今后的学习中，能善于观察，勤于思考，用推理的知识解决更多生活中的实际问题。快要下课了，老师希望你们用实际行动证明，今天这节课的知识你学会了。下课时，老师是最后一个走的，男同学不是第一个走的，那我们应该按照什么顺序走？

（总评：透析冷亚娟老师的这节课，让笔者眼睛一亮，原因很简单，教师的教和学生的学都是实现了效率的最大化。按照上文所介绍的好课十二字、好课十个化以及好课五个实对照分析，冷老师的课在设计上有很多值得我们借鉴的地方。全课以游戏教学法为主线，让学生在参与游戏过程中对新知识加以理解、掌握、运用，教师用贴切的语言帮助学生突破一个个"难关"，在宽松愉悦的氛围下师生进行有效的互动，在课的结尾处教师精准而富有启迪的总结再一次让学生对本课知识进行了巩固并带着问题离开课堂。）

第三节　名课设计策略透析

课前精心设计，课上认真践行，课后深入反思，这是作为教师应该养成的好习惯，也是由普通教师向名师发展的有效途径。一节名课的构建是多元化的，本节立足于四平市第二实验小学名师队伍中在期刊上公开发表的研究成果，对相关名课设计策略加以梳理与提炼。希望能够给广大一线教师读者朋友带来更多的参考与借鉴。

一、作业设计

好课的研究不能仅仅局限于课堂教学，如何帮助学生更为高效地利用好课后的时间也是非常重要的。那么，如何对学生的课后时间加以规划，本书认为最有效的载体就是课后作业。宋晓莉老师在《中国校外教育》2016年第10期上所刊发的《新课标下小学语文作业设计的几点思考》一文，以语文学科为例着重探讨了课后作业设计问题。其部分内容摘编如下：

作业是巩固教学效果的有力手段，也是反馈教学效果的重要途径之一。因此，适当布置一些课外活动作业是必要的。然而，班级中总有一部分学生不能自主完成作业，完全是在老师的监督甚至逼迫下才勉强为之，对他们而言，作业更多的时候是一种负累。因此，教师要重新全面认识作业的意义，尊重学生的个性，在作业的布置上既要关注后进生和中等生，又要关注优秀生，让不同层次的学生都能在完成作业的过程中获得成功的体验，让学生的观察能力、阅读能力、动手能力和创新能力得到培养，更重要的是能引领学生走进生活、体验生活、感悟到生活处处皆语文。

（一）减少重复性作业

针对语文作业种类繁多的问题，首先作出归类分析，按功能划分，把注音本、田字本、大横格3项作业合成一项，这三项作业基本上都是字词句的认知训练，就都集中在大横格上，字词每个两遍，要求背诵课文抄一遍，很多人问：那么少的量，学生能记住吗？其实，学生能记住与否，跟他写多少遍的关系不大，有的同学记忆力好，或记忆的方法好，或许在上课时就记住了，再抄5遍10遍只会增长厌烦心理。记得我小时候，老师让把字词写10遍，我们就学会了投机取巧的办法，手握3、4根笔，握成一竖行，一次就相当于写了3、4遍了，跟留2、3遍的道理是一样的。而到了考试的时候还得再记，真是重复浪费资源了。与其逼迫学生学会投机取巧，还不如"化敌为友"，少留些作业呢。至于学生能否掌握，我还有对策，我与学生立下条约：当天学完的字词或课文必须当天掌握，第二天早自习考，全会的可以免去这些作业，个别错的，单改错字即可，"全军覆没"的，则甘愿按原来的量完成作业。如此坚持几天，大家看到会的同学享受的优待及带来的种种好处，便都自觉学习生字词了。如此，学生可减轻一半的作业量，基础知识也掌握了，老师也省下许多判作业的时间。

（二）作业完成要灵活

语文作业是语文课堂教学的延伸和补充，是培养学生思维能力（分析问题能力、解决问题能力）的重要途径，也是教学反馈的主要渠道。要使作业既能激发学生学习兴趣，又能有效提高学生的知识和能力，作业设计就不能只定位在"巩固"和"强化技能"上，还要在"活"上做文章。如古诗或者是"日积月累"都是要求学生背诵及默写会的内容，在此，作业布置上要求让学生"写会"，可以是写一遍也可以是写很多遍，但前提是必须写会。这样的作业在学生的心理也是没有时间的。他们就会想尽一切办法默写会。我们来想想要默写就必须背诵，学生把古诗及"日积月累"背诵了，又默写会了，还显得作业量不多。还可以分类别布置作业，较好的学生还可以让家长帮忙听写。对于较差的学生只要把今天的作业认真完成就行。这样的目的是让学生在没有任何思想负担的情况下愿意完成作业，并且完成的质量要好。教师应针对每个学生的接受能力和学习兴趣的差异，给学生留足空间、让学生自己控制、自我安排、自己布置作业。这个在高年级的实践已证明完全是可行的，学生自己布置作业，感受到了老师的信任，获得了自我成就感。如学习了《口语交际，我是"小小推销员"》后，可以让学生结合自身的兴趣爱好和口语交际的要求，向家长或者同学介绍自己的产品，或者把自己喜欢的产品写成文字性的文章念给老师或者同学听，或选择角色演一演，或加入适当的想象，改编成故事说一说。生活中处处有语文，也处处要用到语文。在我们的生活中有取之不尽，用之不竭的语文教育资源，如每天目睹身边发生的小事，都可以作为语文学习的内容和渠道。

（三）拓展学习的外延

新课标明确指出："语文学习的外延等于生活的外延。"语文学习的天地很广阔。语文学习的触角应该伸向小学生生活的每一个角落，让学生在熟悉的日常生活中汲取营养。开放性作业就是要求学生冲破封闭的圈子，向课外延伸，使作业和生活接轨。让学生通过课外丰富多彩的作业形式，巩固、应用、深化所学知识，使学生的综合实践能力得以提高。如教学《只有一个地球》一课后，可以将学生分组。数据搜集组：搜集地球的有关数据，充实课文有关内容，能使读者更具体地了解地球的有关数据知识。生态环保组：调查自己生活周边环境的保护情况，提出生态保护建议等。资源探测组：查找有关资料，了解地球资源开发情况与可持续发展的关系。宇宙探秘组：查找有关地球周边星球的情况，解决课题为什么提出"只有一个地球"等问题。佳句点评组：感悟课文内容，点评文中句子，理解重点句子的作用，领悟课文重在依据事实表达的特点。学生积极主动参与，在各小组运作的基础上举办展示活动。学生收集到许多有关地球、其他星球以及环保等问题资料，有文字，有图片，并且数据全面，材料翔实，观点新颖，构思奇特，语言精彩。课堂上出现许多非预期性问题，收到了意想不到的效果。学生在整个活动中有听有说，思维活跃，拓展了自己的知识面，也加深了对课文内容的理解。

　　总之，作业的布置和设计安排，既要根据学生学习内容，分清主次，循序渐进，又要避免多而繁杂，降低学生学习兴趣，影响学生发展；既要根据学生学习能力采用不同的教学措施，又要创设一定的灵活性，发展学生个性。通过优秀的语文作业设计，调动学生学习的积极性，让学生想学、爱学和乐学。只要我们清醒地认识家庭作业的功能，不断丰富作业的形式，加强作业的综合性，让作业走进生活，走进社会，相信语文家庭作业一定会成为助推孩子健康成长的加速器。

　　正如文章作者所说作业是巩固教学效果的有力手段之一，是反馈课堂教学效果的重要载体之一。一节好课除了可以通过课堂教学加以评价之外，课后作业设计的如何也是衡量好课与否的重要指标之一。因为，课后作业的设计所体现的是课堂教学内容的延续。宋晓莉教师能够通过自己的教学实践，对小学语文课后作业的设计策略提出"减少机械重复性作业、作业完成要灵活和形成良性循环"三点建议，非常具有参考价值。通过阅读宋老师的文章，也让笔者感悟到一个好老师不仅要上课上的好，还要会布置课后作业，让教师的价值拓展到课后。随着移动终端技术的快速发展，传统的作业模式受到了挑战，教师如何利用媒体技术实现课后做作业的新模式转化，已经成为研究的重点。

二、有效提问

　　课堂提问是教育工作者在师生互动过程常用的手段之一，也是教师验证学生掌握知识情况的考量指标之一。实践早已证明，课堂教学过程中教师若能够进行有效提问，将对其教学效率提升有重要的作用。提问不仅是一种技巧，更是一门艺术。孙妍教师在《中国校外教育》2016年曾发表了一篇《浅析小学科学课堂提问的有效性》，当中的建议值得推介。

（一）提问要与教学阶段相结合

对于小学科学课程来说，虽然每节课的内容都不相同，但在教学的本质上都有着相同的共性，都可划分为导入、知识讲解、操作练习、讨论等几个步骤来进行。在导入环节阶段，提出的问题应该与各个教学阶段相符合，并能够为新知识的学习做好铺垫。在新知识讲解阶段，教师应该要注重提问技巧，所提出的问题应该能够充分激发学生们的好奇心，吸引他们的注意力。而在讨论环节，应该减少问题的提问，鼓励学生们自主发言，培养他们的分析以及表述能力。

例如，在小学三年级《校园树木》课堂教学中，在导入环节，教师在设置问题的时候，应该要与植物有关。例如，可提出：你最喜爱的植物是什么？通过让学生的回答逐步引入本次课堂主题。在新知识讲解阶段，设置的问题应该要与实际生活紧密相关，激发学生的好奇心。例如，可提出：（1）现实生活中有哪些你经常可看到的植物？（2）树木是属于植物的一种吗？（3）现实生活中你经常可以看到哪些树木？（4）在我们校园中有哪些树木品种？在讨论环节中，教师可减少问题的提问，让学生以小组的形式来合作讨论，谈论的内容可包括：树木与我们的生活有哪些关系？为什么要积极保护树木？保护大自然植物人人有责，我们该如何去履行？通过循序渐进、逐步引入的方式，把提问的问题从大范围缩小到与学生们日常生活紧密相连的小范围，对学生进行逐步引导与讲解，让学生们在提问与回答的过程中学到学习新知识的目的。

（二）提问要与教学内容相结合

在小学科学课堂中，与教学内容相结合合理安排提问显得尤为关键和重要，这关系到教学的最终实效性。在设计问题过程中，应该要在教学内容的基础上，把握所设计问题的有效性、难度以及梯度，切忌问题过于简单以及复杂，符合本次教学大纲以及小学生阶段的认知水平能力相符合。只有这样，层层推进，才能逐步开展以及深化教学内容，在学生们能力范围下去灌输新知识，并确保他们对于新知识的接受能力。例如，把天气作为一个具体的例子，在课堂中向学生们提出关于天气的问题，问题的设置必须要确保学生对于该知识具有一定认识的基础上，学生们可通过对日常所在地天气气候的观察与认知来回答，进而让学生充分感受到日常生活与天气的关系，从根本上来提高科学学习的兴趣。

（三）提问要与学生差异相结合

每个小学生性格特征、心理特点以及接受认知能力均存在差异。为此，在小学科学课堂中，教师除了要注重集体的共性，还应该要重视个体之间的差异。所提出的问题既要对所有学生进行周全考虑，又要符合个体的实际需求。为此，在课堂开展之前，教师需要对学生进行总体了解，正确把握每个学生的认知以及接受能力之间的差异，合理优化问题，确保每一位学生就能够清除明白本次课堂所讲解新知识，从整体上来进一步提高教学的时效性。

例如，在小学三年级《蚕的生长与变化》教学中，教师首先需要考虑到这样一个问题，现实生活中并不是每一位学生都见到过，在开展课程时，教师需要先了解哪些学生见过蚕，哪些没有。并准备好一只桑蚕，让所有学生进行观察，对蚕形成一个大致了解，接着再引入教学内容。否则，对于未见过蚕的学生来说，由于缺乏对桑蚕的了解，即使教师讲解得再详细，再生动，对于学生们来说也是一头雾水。通过实践，与课堂材料与模型相结合，学生们可在实际基础上进行想象与发挥，增强最终的学习效果。

综合上述可知，一节高效的小学科学课堂离不开提问环节作为支撑。提问教学不但展现了以学生为主体的教学方针本质，还有效吸引了小学生的注意力，激发他们的学习欲望，培养小学生的思维分析能力、表述能力以及探究能力，获取多赢效果，进一步提高教学质量。

"学起于思，思起于疑，疑解于问。"这句话说明一个问题的提出需要通过质疑和思考之后才可以最终形成。也就是讲有效的教学提问必须是经过设计的，不能随意出现。课堂教学需要预设，而提问设计是教学预设中最重要的内容之一，它是目标达成的一种重要手段。课堂提问是教育工作者在师生互动过程常用的手段之一，也是教师验证学生掌握知识情况的考量指标之一。顺着孙老师的研究方向，本书对有效提问中的问题设计环节提四点建议：

第一，问题设计要有指向性。问题设计上缺乏指向性会导致教师的问和学生的答出现偏差，从而导致我们所提出的问题最终变成了无效的问题，降低了课堂教学效率。

第二，问题设计要有新颖性。从心理学角度分析，每个人都有一定的好奇心，无非是所关注的内容不同而已。如果老师以同一种方式提出问题，会因为提出时的平平淡淡，既不新颖又不奇特，久而久之会打消学生参与问题回答的积极性。相反，如果教师能够主动换一下提问的角度、方式或内容，那么对于提高小学生对问题的好奇心必然大有帮助，最终也会提高问题的有效性。提问设计上必须要坚持新颖性原则，教师要在新字上做文章，可以是提问内容的新，可以是提问方式的新，可以是提问主体的新，等等。

第三，题设计要有适度性。所谓问题设计的适度性内涵是问题设计要具有开放性，难易程度上要适宜小学生的心理承受程度，题量上要能够适应小学生的知识储备和生活经历。之所以提及问题设计的适度性，原因在实践中教师对问题设计"度"的有效把握将直接关系到小学生回答问题的参与积极性和有效回答程度，同时影响到小学生对问题的思考深度，进而最终影响到课题教学的效率高低。

第四，问题设计要有灵活性。作为教师，我们都知道提问必须要围绕自己课堂教学的中心、重点、难点进行展开。但是，课堂教学是一个变化的过程，师生在共同学习中都会发生不同的心理变化，这就要求我们的教学必须是灵活的，不能是死板性的。同样，教师在问题的设计上也必须遵循灵活性原则。教学过程的实质是师生对知识进行交流的过程，谁都无法预测在这一过程中会出现什么变化（这里主要是一些突发性的事件）。因此，这就需要我们老师在课堂上要善于观察学生的变化，根据对变化的判断从而灵活地对问题加以设计。

三、有效设计

教学设计的有效性一向是教育工作者的共同追求，在不同的学科教学中教师都积极地践行着自己的教学设计。也在各自的实践中积累了许多值得推介的好经验。冷亚娟所践行的研究成果《新课程背景下小学数学课堂教学的有效性策略》在《中国校外教育》杂志2015年第8期上公开发表。其部分内容摘编如下：

教学的成败，不是看教师讲得如何透彻，如何精彩，而是看学生怎样学、学到了什么。在学习中为了让学生更加积极地学习，要创设一个良好的氛围，使他们在自主探究中理解并掌握数学的基础知识和基本技能，以此达到以学生发展为本的目标。

（一）有效区分教学内容和教材内容要

教师上课的主要依据是教材，实现教学计划、落实大纲都要以教材为载体，但是教材内容和教学内容是两个完全不同的概念，教学内容是教师对于课程内容和教材内容的整理加工，实际的教学不同而教学内容不同，所以教学内容不仅包含了教材内容，还包含了师生在教学过程中的全部互动，因此，教材内容只是教学内容的重要组成部分之一。教材内容的编订是一个不断变化的过程，所以，教师在处理教材的时候应该端正自己的态度，是把教材当作工具，而不是当作教的内容，这就要求教师充分发挥自己的主观能动性和创造性，在做到尊重教材的同时能灵活处理教材内容，能根据所学内容对教材内容进行必要的补充、调整，优化教学内容。同时，教师甚至可以根据具体的教学内容自己编制教材。

（二）深入了解学生，教学具有针对性

对学生情况是否了解，了解的程度怎样，直接决定着教学设计的效果。教学设计是为学生设计的，而学生情况不是一成不变的，教学环节、教案选择，教学内容的组织，都要随着学生情况的不同而进行不同程度的调整。数学的教学情况更要充分考虑学生的具体特点，教学活动的设计要充分结合他们的生活经验和知识基础。

（三）深入教材，把握教学重点、难点

每节课的教学内容都会有重点、难点。所谓重点，是教材中比较重要的知识点。难点，则是学生不好掌握、容易出错的知识点。教师首先要自己明确这些，不能把每个知识点都用平均的时间，或者在不重要的知识点上浪费大量的时间，这样会影响教学效果。抓住关键才能更好地解决问题。

（四）设计中把动手实践机会留给学生

动手实践会让学生在"做数学"时有深刻的体验过程，自己感悟知识，体会数学的方法和过程。动手实践是学习数学的重要方式。新教材为了让学生进行大量的操作活动，设计了很多素材，教师应该组织好对这些素材的运用，设计具体的操作活动，不能流于形式，每一个操作活动都要有学生的参与，同时要在操作过程中教导学生手眼结合，把数学中抽象的概念和具体的形象结合起来，边说边操作，有问题的地方组织讨论。例如，在涉及正方形、梯形、长方体等内容时，直观的演示和操作，会让小学生深刻印到脑海中。

（五）自主探索与合作要从形式走向实质

人类社会文明传承到今天，都是通过一代代的学习继承，知识不断地充实进新鲜的东西，学生的学习是对知识和文化的一种重现，这对于学生来说具有多方面的意义。而教师要给学生充分的空间和时间进行自主探索，让学生主动地参与数学活动中来，亲自进行观察、猜测、实验、验证。教师要有选择地组织再现的教学内容，在自主探索的教学模式下，教师起着重要的作用，除了设计探索情境，更要注意学生探索的过程和方法，对于简单的问题，学生可以通过自己的努力就能得到解决的问题，教师要放手让学生自己去做，如果老师一味地注重讲授，就会把学生钳住，这样老师就越过了教之道的"度"，所以老师要大胆地放。但是，如果老师只放不收，那教学效果就达不到，所以老师要大胆放，收要及时。学生的主体性得不到应有的发挥，那么教师的引导也是没有价值的。学生在合作学习前要掌握一定的学习技能，这是有效合作的重要条件。比如，学会欣赏他人，能在他人的身上学到自己的所欠缺的东西；乐于表达，愿意并能合适的表达自己的观点；愿意倾听；适度宽容别人的不足；等等。合作学习是一个需要长期培养的过程，所以要在平时注意练习，不能寄希望于一蹴而就。

（六）教学要关注学习的过程与学生体验

"以学生发展为本"是新课程的理念，这就要求老师重点关注学生掌握获得知识的方法和过程，而不仅是关注最终是否掌握了知识和技能。现代教学论认为，学生用已有的知识和经验主动构建是学生学习数学的过程，所以，学生只有主动参与，才会达到教学目的。建构主义理论中更是强调，知识只有通过学生自己学习才能变成自己的，课堂中，老师只是在传递信息而不是知识。学习是学生自己的事，被人代替的话，就会让结果大打折扣，所以，学生越是参与充分，其体验就越深刻，知识也就越扎实。老师要根据学生的年龄特点，根据教学要求，从实际出发，把课本中的书面知识进行加工，转化成数学活动，让学生参与进来，这样才能达到优化课堂教学的效果。教学的重点是学生参加的活动过程，以及学生获取知识经验的方法，把数学中抽象的概念变成具体的动手过程，比如，公式的推导、规律的概括过程、思路的分析等，这些都可以让学生亲自参与，懂得过程，对结论的东西才会记忆得更牢固。

例如，教学"长方形面积的计算"时，教师先让学生观察课件的动态演示，猜想：长方形的面积与它的什么有关系？然后让学生动手操作，用12个1平方厘米的小正方形拼成一个任意的长方形，看有几种拼法。拼好后引导学生思考：

1.这些长方形的面积分别是多少平方厘米？

2.这些长方形的长和宽分别是多少厘米？

3.你发现每个长方形的的面积与它的长和宽之间有什么关系？

学生经过观察、讨论，很快便推导出了长方形面积的计算公式。总之，在新课改的大背景下，知识的传授不再是单纯的课堂内容，课堂也不是知识训练的集中营小学数学的课堂更应该焕发新机。在"以学生发展为本"的教育理念的指导下，更应该根据小学生的生理、心理特点和认知规律，不拘一格地创设适合教学内容的教学情境，充分激发学生的学习兴趣，从而调动学生学习数学的积极性。

冷老师立足新课程这一大背景，从自己教学实践出发，深入剖析了小学数学教学有效的几个策略。在冷老师看来，提高小学数学教学的有效性第一要务，是要提高备课的有效性。备课是保证教师顺利完成教学任务的行动方案，因此抓好备课这一环节将有利于提高教师的课堂教学效率。当然，不同教师对于备课的认识程度是不一样的，一般而言教师要做好备课这件事必须要基于充分了解学情的前提下，积极主动地对所要授课的教学内容加以处理，选择好适合教学对象和教学内容的教学策略并设计好教学组织形式、课堂互动方式以及有利于激发学生参与的评价策略。在冷老师的文章中还提到把动手实践的机会留给学生，这一观点非常值得推介。理论与实践相结合，做中学，学中做，这些已经成为公认的教育理念。冷老师还提出在学生自主探索与合作交流过程中要从形式走向实质，要强化学习过程的关注。可以看出，冷老师对自己的教育教学有着较为多元化的教育理念，其文章具有较高的学术素养。

对于教学设计有效性提高，笔者还想推介十个要素（来源于网络，但找不到署名），具体如表3-3-1所示：

表3-3-1　教学设计必须要考虑的十大要素

要素	具体内容
知识	知识的来龙去脉，重点，难点，要点，结合点，导入，延伸，长度、宽度、密度
解读	知识的相互联系，与现实的结合，意义、价值、作用，剖析、论证、解说
规律	总结、归纳、寻觅内在本质，挖掘其特征、特点、特色，把握其必然性、普遍性
方法	掌握其结构、切入点、步骤、原理、技巧，无形有形化，抽象具体化，虚幻感知化
应用	理论联系实际，学以致用，结合实例、标本、模型、实物、热点、焦点、社会现象、人生体验来上下贯通，左右逢源
生成	感悟体会、创作发明、拓展延伸、手工制作、图案设计、心灵感召、人格魅力
预设	依据学生的知识水平、个性特点、科目特性预设可能出现的现象。尽多设计方案，才能从容应对以不变应万变，有效驾驭课堂
点评	从知识、方法、技巧、能力态度、情感上准备课堂点评用语
亮点	组织、引导、调控课堂，精、气、神焕发，达到欢乐课堂，艺术享受，良性循环，乐此不疲
情感	丰富动人的情感能够鼓舞人、打动人、感染人、影响人。教师要以自己的示范来启迪、锻炼学生，让学生的思想、情感、意志、品位、人生观、价值观健康向上

四、游戏教学

游戏教学法是一线教学实践中教师普遍运用的教学方法。尤其是在小学教学中运用游戏教学法更有研究价值。罗冰老师在2015年第20期的《中国培训》杂志上发表了《小学英语教学中游戏的运用分析》一文，文章立足小学英语学科对游戏运用的必要性和运用误区进行了剖析。文章部分内容摘编如下：

（一）小学英语教学中运用游戏的必要性

第一，符合教学理念。现在的新课程教学理念强调，要充分挖掘和尊重学生的学习积极性在实际的课堂教学过程中，充分调动和激发学生的学习积极性。游戏为学生创造了轻松愉悦的氛围，而在这种氛围中，学生学习的积极性得到了极大的提高。只有学生拥有了学习英语的积极性，才能够提高小学英语教学的效率。

第二，符合小学生的心理特征。小学生的智力尚未发育完全，并且对外界事物拥有强烈的好奇心，这就注定了小学生是难以长时间将注意力集中在某一件事情之上的。传统的英语教学之中需要小学生不断重复单词的记忆，从小学生的年龄来看，这一点是很难做到的，因而往往达不到教师所期望的教学效果，在一定程度上降低了小学生对于英语的兴趣，使得课堂效率难以提高。根据小学生天性活泼的特点，在小学英语教学中应用游戏教学是较为可行的方法，游戏中欢快的氛围更易于小学生对于英语知识的掌握和理解，更能够增强学生的持久记忆力。

第三，符合学生的认知规律。人类对于新的知识的内化是建立在原有知识体系的基础之上的，小学英语教学也一样，但是小学生原有的知识体系就不健全，进行小学英语教学需要遵循最基本的认知规律，让学生从感性认识逐步上升到理性认识这一方式来获取知识，并且在这样一个过程中逐步加深对知识的理解和深化，并逐渐培养兴趣，形成一种学习动力，使学生自主学习。

（二）小学英语游戏教学设计运用的误区

第一，游戏规则过于复杂，缺乏操作性。我们在运用游戏教学时，游戏的难度的设定需要根据小学生的认知水平来进行，如果脱离了小学生实际的认知水平，则游戏就会起不到原有的效果，白白浪费了力气。一位年轻的老师设计了"说单词"的一个游戏环节，老师随口说一个单词，然后让学生说出这个单词的某一个字母，但游戏进行的结果不是让人非常满意，因为学生对于单词的记忆量与老师的相差甚远。"说单词"游戏是在学生刚刚接触了新的事物时，还未能进行深一步了解与认知，就开始要求拼读，这对于小学生的英语水平要求过高了。因此在设计游戏的时候，必须综合考虑游戏能否取得效果，考虑学生能否接受，这才是教师需要关注的问题。只有游戏具有高度的可行性和操作性，这样才能够达到一个更好，更完美的效果。

第二，游戏设计形式单一，不创新。小学生具有强烈的好奇心，因而只有更创新的教学形式才能够激起学生的学习兴趣，同样将游戏应用于小学英语教学之中，游戏的设计形式也应该多样，这样才能持续激发学生的学习兴趣。例如：教师随机说一个单词的字母个数，让学生说出符合条件的单词，这个游戏也算符合学生现在的水平，但是没有兼顾游戏设计的创意性和趣味性，不能起到良好的效果。但是，如果换一个方式，教师拿一个物品，然后提问学生，说出物品的英语名称。这样设计，虽然比较简单，但是具有创意性和趣味性，同时具备灵活性和操作性，可以激发学生的兴趣，提高他们的学习能力，调动学生的学习积极性。

第三，游戏课堂秩序混乱，不聚焦。有的老师对于游戏课堂的把握不够准确，虽然课堂气氛极其活跃，但是学生交流多使用汉语，这样就背离了小学英语教学的最初目的，课堂成为游戏的场所，不利于教学活动的开展。教师想要利用游戏教学来提高教学的效率，需要精心设计游戏的环节，不能让课堂过于游戏化，不管采用怎样的游戏形式，都始终要围绕教学目标和教学内容。

活泼好动并且富有强烈的好奇心是小学生的天性，因而在小学英语教学中应用游戏教学是较为可行的，通过游戏教学的开展能够活泼课堂的氛围，从而提高学生学习的积极性，也能够让学生在游戏的过程中深入接触英语知识，提高小学英语教学的效果。

上述部分仅仅是罗冰老师在《中国培训》杂志上发表论文的一部分，主要剖析了小学英语教学中游戏教学法运用的具体意义和相关教师运用游戏教学法中所出现的问题。在罗老师看来，小学英语游戏教学中主要的问题表现在：游戏规则过于复杂，缺乏操作性；游戏设计形式单一，不创新；游戏课堂秩序混乱，不聚焦。本书认为这三个方面的问题非常值得小学英语教师加以思考。小学生爱动，喜欢玩游戏，如何抓住这一教学基点，通过深入剖析游戏教学的具体特点、运用原则以及相关要求，从而通过该教法实现提高小学英语教学的有效性。

透析游戏教学法的教育原理，主要有皮亚杰的认知发展教学原理和布鲁纳的发现法教学原理。其中，皮亚杰认为少儿的发展，既不是生理成熟的直接结果，也不是直接学习的结果，而是个体和环境相互作用而使认知结构不断发生质变的过程。在这一过程中，少儿是主动地以同化或顺应的方式，与客体相互作用，感知客体，理解客体，并建构相应的认知结构，获得自身的发展。这就是说，在教学过程中教师必须尊重学生的生理特点和心理特点，尊重学生的认知与情感的发展水平，要尊重每个学生在心理发展上的不同速率。布鲁纳的发现法教学原理认为，不论我们教什么学科，务必使学生理解学科的基本结构，而掌握学科结构的态度或方法便是"发现"。因而，教学过程就是教师引导学生发现的过程。所以，在教学中要注重学生在学习中通过自我发现、自我探索掌握知识，改变以往教师只重视积累知识，重视掌握知识的量的不良现象。

五、教学语言

课堂教学语言不仅是教师在课堂上传授知识的一种途径，是组织课堂教学的必要手段，还是完成教学任务所使用的主要工具。它是语言在课堂教学领域中的具体运用，它在培养学生交际能力方面起着至关重要的作用。课堂教学语言是教师的专业素养、教学质量的一种体现，学生的英语水平与教师是有着直接关联的。宋菲老师在2016年第8期《中国校外教育》上发表了题为《小学英语教师课堂教学语言初探》的论文。其对小学英语教学过程总教师语言存在的问题与对策进行了分析，文章内容摘编如下：

（一）教学语言存在的问题

1.小学课堂教学语言过于平淡。

在目前小学课堂教学中，大部分的英语教师采用简单机械的跟读方法，明显课堂过于平淡无趣。在农村英语课堂的教学语言中尤其可见，课堂上的气氛常常处于尴尬现状。教师心情沉重，热情低，则课堂气氛死板，学生冷淡；教师若是一脸严肃，则学生表现出恐惧、懦怯与不安全感；教师会洞察学生的心理及智力，而且学会适当调节自我情绪，则教室内呈现一片积极进取、愉快的气氛；如果教师只是情绪稳定，却不温和，不能激励学生，则学生显得没有活力，呆板。

2.小学英语课堂教学语言形式单一。

随着时代的进步，国家不断推行新课程，特别是小学英语课程讲究运用新的理念教学。小学阶段的学生，英语理解能力还是有限的。很多教师在实际的课堂中，语言形式的单一化现象主要表现在教师课堂教学语言太过死板，不会合理使用身边的配套设施，不懂得合理使用肢体语言，不会利用情景教学，不会将复杂问题简单化等。

3.小学英语课堂教学语言不规范。

由于中国语言的多样化，地方语言存在差别，地方老师的教学语言存在着普遍不规范现象。比如，发音时带有方言，"J"和"G"，"en"和"eng"，"N"和"M"，常常无法有效让学生分辨清楚，严重误导学生。学生学习书本上的新单词，基本都是模仿教师。所以，教师发音的准确性是小学英语课堂教学语言的基本要求。

（二）教学语言运用的对策

1.形式多样。

教师的语言修养在极大的程度上决定着学生学习语言的有效性。特别是针对小学生的理解能力水平不够等缺陷，小学英语教师在课堂上教学时，英语书本中的单词或者语句、语法等用不同的语气解说，带给学生的感受是不同的。比如，读"glad"这个形容词时，教师不单单应该带着开心积极的情绪去朗读，而且面部富有表情性，甚至可做跳跃状；在解说"hold"这个单词时，就应该带有肢体动作；在面对"please take your seat"这样的复杂句子用"sit down"，这样化繁为简来教学，学生往往会通俗易懂，以达到英语教学的最佳效果。

2.明确要求。

小学英语课堂教学语言有效实施是一种必要性。可通过对所收集到的研究资料进行整理和分析，不断地对课堂教学语言进行反思与探索。首先，小学英语教师要明确课堂教学的目标和任务，用理想的导入语言，与学生在课堂上进行有效的互动，营造学习的氛围，激发学生学习的主动性。其次，小学英语教师应该明确自身岗位职责，不断提高自身专业素养及语言水平，语言表达具有清晰性、条理性、精准性，得以让课堂目标顺利达成，也能让我们在教学上节约时间，课堂上的教学也会起到事半功倍的作用，是使教学走向成功的一个捷径。

3.借鉴经验

教师自身的语言提升，是课堂教学水平提升的必要性。小学英语教师提升课堂语言教学水平，不仅要从外国电影、综合性节目获取提升的经验，还要抓住机会出国深造，不断借鉴美国小学英语教师课堂教学语言的趣味性和简洁性、灵活性，日本小学英语教师课堂教学语言的多样性，澳大利亚小学英语教师对课堂教学语言的高度关注性。

宋菲老师的文章向我们展示了如何依据小学生和小学英语的特点解决教学过程中教师语言运用的问题。文章具有较高的实践价值和推广价值。我们认为课堂教学艺术首先是教学语言艺术。教学语言艺术就是教师在教学过程中遵循教学规律和审美性原则，正确处理教学中的各种关系，把所教的知识和信息正确有效地传递给学生的语言技能活动。课堂教学过程中的教师语言包括言语语言和行为语言两种。作为一线教师要善于挖掘自身在语言上的优势，从而高效提高教学的有效性。

六、快乐式教学

苗雨教师曾在《中国校外教育》2013年第35期上发表了一篇《让学生在有效的语文教学中快乐学习》的文章，部分内容摘编如下：

现在，许多孩子上学并不快乐，甚至产生了厌学的心理。究其原因，除了繁重的课业负担、家长的期望值过高外，教师的不当教学与管理也造成了学生身心的疲惫和心理畏惧。因此，在实现快乐学习的策略构建上就显得非常重要了。

（一）言传身教，潜移默化

多年的语文教学工作，让我深深知道语文是一门知识面广，难以在短时间内提高成绩的学科，它对学生的综合素质要求很高。可以说，在一个六十几个人的班级中，语文素养极高的学生可谓是凤毛麟角。我们平时是给学生们积累了很多好词好句。但是，多数都是机械而盲目地识记，学生根本不懂这些词句的意思，也不会去实际应用。作为一个语文教师，自身的素养和知识储备，对于学生来说是很重要的，老师的一言一行、举手投足，都是他们模仿甚至学习的对象，教师的语言会如春雨般润物细无声。我在授课过程中，会有意识地说出一些成语、歇后语、俗语等。人们都说语言环境对于人很重要，如果有了这样一个充满文学氛围的环境，学生耳濡目染，自身也会得到提高。比如，在制止学生说话时，我不会说"闭嘴，不许说话"，而说"我现在要求教室里鸦雀无声"。在教授学习方法时，我不会说"你这样学不对"，而是告诉他们"学而不思则罔，思而不学则殆"。有一次，我讲用"与其……不如……"造句，这个关联词有一定难度，学生不会应用。恰巧这时有一个学生正在溜号，我就顺势说："某某同学，你与其上课溜号，不如认真听讲。"在座的同学们都笑了，也从我的话中知道了这个关联词的用法。在日常生活中，我会要求自己尽量少说口头语，多用合理的、丰富的语言，成为学生一个活的"积累本"。

（二）撷取趣事，增强记忆

艾宾浩斯遗忘曲线证实人的记忆特点是先快后慢，学生在记忆知识时，也印证了这一特点。有时你特意强调的重点他们记得不扎实，反而对与课堂无关的东西记忆犹新。特别是对课堂突发的一些有趣的事件，会让学生们津津乐道，甚至终生难忘。有一次，我在考学生默写刘禹锡的《望洞庭》时，班级中一个学生由于笔误，把"白银盘里一青螺"错写成"白银盘里一青蛙"。当我把这句错诗写到黑板上时，全班同学哄堂大笑，这个学习中出现的小笑话，让学生永远地记住了这节课，也一字不差地记住了这首诗。这说明一点，无意识记要比有意识记印象深得多，在教学活动中，教师应多留意课堂中的这种即兴有趣的小插曲，制造一些笑料也未尝不可。

（三）身先士卒，师生比赛

教学过程是实现教学任务，完成教学目标的关键环节。但是，在现实教学中，老师扮演告诉者的角色，学生扮演被告诉的角色，填鸭式教学，讲授式教学还充斥着课堂的每一个角落。有些教师在讲授时，从不自己设身处地地去想学生怎样学，用什么方法能学会，学习过程中存在哪些问题。事实上，教学过程应是一个极为丰富的过程，不仅是简单的知识传授过程，还是一个师生情感共融、价值共享、共同成长、共同体验的过程，教学是师生互动的双边活动，而不是单一讲解、单一聆听的过程。在教学中实践，我们要科学地运用共求新知，共同体验的方法。比如教学生写一篇作文之前，我一定先写一篇范文，体验一下学生在写作时可能会出现哪些问题，遇到哪些困难，我可以把自己从写作中得到的经验和方法整理成第一手资料，与学生们共同学习，这样学生对老师会产生亲近的心理。在课堂上，学生们在课桌上写，我在讲台上写，比一比谁最先写完，谁写得最好。学生们充满了对老师的期待，自然也就会用我笔去写我心。这种老师与学生共同学习、共同探索的新方法，是我在实际工作中所提倡的。这样我们的教学会更有意义，也就自然而然地摆脱了单一、简单的教学形式。

（四）深入摸索，寻找捷径

在语文的古诗文教学中、虽然选取的都是简单易学的短小文章，但是随便指出其中一句话或一个词让学生翻译还是有难度的。为了解决这个问题，我让学生准备了一个古文积累本，把左页分成两份，右页分成两份，共四项，项目分别是诗句，这句话里需要解释的加点字、字义、句义。把古诗文分解后逐句去写，做到了化难为易、化繁为简。这种方法尝试之后，学生对细节的字词掌握得清楚、扎实，而且印象深刻。

（五）创设情境，吟诗抒情

语文教学需要教师富有有激情，更需要教师创设情境，陶冶学生的情感，激发学生的共鸣。创设情境的方法很多，我喜欢的方法是诗歌配音乐。音乐的魅力是无国界的，一曲抒情的音乐会让人的心灵得到洗礼和升华。在一篇课文的结尾处，选择一首贴切的音乐来渲染情境和烘托气氛，能起到事半功倍的作用。我在讲授《桥》一课时，结尾采用了《爱的协奏曲》作为背景音乐，加上自己创作的一首小诗，很好地起到了画龙点睛的作用。诗词是我们中国的艺术精髓，在课文结尾处用一首诗作为总结，显得更有力度，更能征服人心。随着我声情并茂地讲解，学生们深深地融入课文中，使文中因公殉职的老支书的高大形象重新浮现在眼前，有的学生甚至是哭着学完课文，思想感情以及对课文的理解更上升了一个层次。另外，我在《桥》《唯一的听众》《改革开放三十年》等课中均采用了这种方法，课堂效果很不错。

（六）打破常规，用活教材

现在社会上什么都在讲究创新、突破，教育也是如此，需要教师能够创造性地使用教材，不要只把眼光局限于书本之上。事实证明，用活教材更能激发学生的兴趣，活跃课堂气氛。我在讲授《渔夫和金鱼的故事》时，让几名同学演课本剧，分别扮演不同角色，参演的学生认真投入，观看的学生乐趣无穷，教学效果比枯燥的讲解不知强多少倍。另外，有些课文，并不适合单纯讲解，结合影像资料会更好，比如《冀中的地道战》《鲁滨孙漂流记》《圆明园的毁灭》等，我们年级的教师就找来了相关的影像资料，带领学生在学校的多媒体教室观看，讲解与观看相结合，收效显著，学生的印象十分深刻，胜过老师的一味讲解。

苗雨老师的文章从自己的小学语文教学实践出发，提出了如何让学生在有效的语文学习中进行快乐学习，其体现的就是快乐教育理念。文章所提到的"有效"和"快乐"两个关键词非常值得关注。围绕上述两个关键词，苗老师给出了"言传身教，潜移默化""撷取趣事，增强记忆""身先士卒，师生比赛""深入摸索，寻找捷径""创设情境，吟诗抒情""打破常规，用活教材"等六个方面的建议。文章字数虽不多，但所呈现的内容足以激发我们更多地思考。笔者相信，通过文章内容的消化，会有很多读者会像苗雨教师一样在自己的教学实践中努力实现在有效的教学中让学生快乐的学习。

《现代汉语词典》中将"快乐"解释为"感到幸福或满意"。心理学认为，快乐通常是指盼望或追求的目标达到后，继之而来的紧张解除时的情绪体验；它是一种最佳的心理状态，是个体愉快的心理体验。对现代人来说，快乐是一种体验，一种心态，更是一种素质。快乐是教育本质的重要特征。快乐教育的出发点和归宿都是为了学生人生的快乐与幸福，期望整个社会所有人的快乐与幸福。培养学生快乐的情绪，对学生正确的人生观、世界观、价值观的形成及其未来的发展都会产生深远的影响，有着积极的意义。"快乐教育"的实质是面向全体学生，着眼于人的全面发展，真正体现教师主导、学生主体的作用，做到"教书育人、管理育人、服务育人、环境育人"。实施快乐教育是一种教育思想的转变。快乐教育与"应试教育"是根本对立的。快乐教育理论体系建构有三大要素：快乐地学（学生），快乐地教（教师），快乐地教学互动。

七、开放式教学

齐燕龙教师在2015年第8期《中国校外教育》杂志上发表《新课程背景下小学体育开放式课堂教学的实施策略》一文，提到了开放式教学。笔者认为有一定的借鉴性，其文章部分内容如下：

不同的课堂带给学生的收获是不同的。如果教师在课堂教学中仍然遵循传统课堂的教学模式，很难落实新课程改革的教学理念，也不利于高效的体育课堂的构建。在一堂课上，不管教师教给学生多少东西，都要以课堂学会多少来衡量。我们经常见到一些课堂教学的效果并不显著，教师在课堂上费劲地讲了很多，但是学生的收获并不明显。为了加快小学体育课堂的教学改革，提升小学体育课堂的教学效果，在小学体育课堂上构建开放式的体育课堂，对高效课堂的构建具有非常重要的意义。

（一）尊重学生，让课堂气氛开放

在小学体育课堂中，成功的课堂教学不单单取决于体育教师自身的专业素质，也取决于师生之间是否有和谐融洽的关系。体育教师在进行授课过程中，应该把构建师生之间和谐宽松的课堂氛围作为构建开放式体育课堂的一个前提条件。在师生关系方面，开放式的体育课堂就应该是师生之间、学生之间关系非常融洽，而且这种融洽的关系要落实在课堂教学的每一个环节中。首先，体育教师要做到充分尊重学生的人格，让学生切实感受到自己与教师是平等的。当然，师生之间的尊重是相互的。其次，教师要做好榜样的力量，以身作则，给学生做好垂范。只有这样，才能用行动去让学生信服。再次，教师在面对全体学生的时候，尽量要做到对学生一视同仁，不要有偏向，让学生感到与教师生疏。体育课堂教学只有通过营造这种轻松、民主和谐的课堂氛围，开放式课堂的落实才有一个良好的开端。

（二）动态发展，让教学过程开放

体育课程主要以学生的健身强体为目标，旨在培养学生的身体协作，增进学生的体制。体育课程是学生在不同学段的必修课程。所以，在小学体育课堂上，教师要立足于小学体育课程的教学目的，教师要有针对性地选择教学内容。体育课程的教学内容应该具备简单易学，同时有利于学生锻炼身体，难度系数适中，符合小学生的年龄特点。在传统的体育课堂中，由于受到各种因素的限制，体育课堂教学具有闭塞性。教师授课比较拘谨，学生学得比较机械，大多数只是动作的简单模仿与重复，不利于学生的个性发展。随着课程改革的推荐，构建开放式体育课堂教学已经是体育教师的共识，教师在进行教学时，要善于结合生活实际，关注学生的兴趣和经验，对课堂教学进行精心的设计。同时，要充分发掘教材知识，努力把体育课堂构建成开放式的课堂。教师在课堂教学过程中，要把体育课堂当作学生娱乐、健身的课堂，要让学生实现健身性和趣味性的双重效果，真正发挥体育课程的积极作用，从而为学生的终身发展奠定一个良好的基础。

（三）纪律该紧就紧，活动该松就松

小学阶段的学生好动，又聪明、伶俐。在传统的体育课堂教学中，过多地强调了学生严谨的纪律。几乎每一节体育课教师都要做严谨的安排，学生都是在教师的指导下完成，几乎不能发挥自己的主动性。这样的体育课堂教学是不容易调动起学生学习积极性的，也不利于培养学生体育素质的成长。因此，在开放式体育课堂教学中，我们倡导给学生更多自主参与的机会，我们要提倡学生积极主动地模仿，鼓励学生去提高自学、自主练习的能力。因此，我们建议教师在进行课堂教学时，打破那种传统课堂一板一眼似的授课，在一些教学环节中，给学生更多的自由度，这样学生紧绷的神经就有所放松，体育课就更加有趣味性，也有更多的收获。

（四）自由选择活动，自主开展练习

随着新课程改革的不断深入，体育教师要给学生创造更多的自主参与的机会，这样能够促进学生能力的提高。这就要求，教师不仅要上好课，更要备好课。这样教师在课堂教学中，才能让课堂沿着预设的计划展开，也才能不断促进学生兴趣和能力的双提高。例如，在给学生教学持轻物掷远这一内容时，笔者就尝试了让学生自由展开活动，先让学生自由分组，然后同学之间进行双向的"拉满弓"活动，再让学做挥臂的"鞭打"练习，教师在一旁指导学生的动作规范。然后，教师给学生演示投掷的基本要领，之后让学生进行小组练习，等等，这样无疑提高了学生的自主参与程度，也调动了他们的积极性。在完成体育课程一些教学内容时，笔者可以给学生留一些自选游戏的环节，这个环节是学生比较喜欢的，他们可以根据自己的兴趣爱好选择一些游戏，然后自由结组进行活动。这样的课堂气氛是非常活跃的，学生们参与程度也比较高。

开放式教学是相对封闭教学而言，渊源于科恩（R.C.Cohn）1969年创建的以题目为中心的"课堂讨论模型"和"开放课堂模型"（人本主义的教学理论模型）。同时，斯皮罗（Spiro）1992年创建的"随机通达教学"和"情景性教学"（建构主义的教学模式）也对其产生了重要的影响。这些教学理论模型所强调的主题就是"学习是学习者主动建构的内部心理表征过程，教师的角色是思想的'催化剂'与'助产士'"。开放式教学从广义上理解，可以看成是大课堂学习，即学习不仅是在课堂上，还可以通过网络来进行。开放式教学在狭义上可以说是学校课堂教学，就课堂教学题材而言，它不仅可以来自教材，也可以来自生活，来自学生；就课堂教学方法而言，即在教学过程中通过对教材的个性化处理，使教学方法体现出灵活多样的特点，并且在教学方法中运用"探索式""研究式"的方法，引导学生主动探索、研究，获取知识。开放式教学主要特点体现在空间的开放、环境的开放、课程的开放、态度的开放、资源运用的开放。齐燕龙老师以体育学科为研究对象对开放式教学进行了实践，取得了不错的成绩。文章中的"尊重学生""动态发展""纪律该紧就紧，活动该松就松""自由选择活动，自主开展练习"的相关策略非常值得借鉴与研究。

八、感悟式教学

杨昕铉老师在《中国校外教育》2015年第21期上发表了《小学品德教学中感悟式教学方案探究》一文。此文也是学校教师在感悟式教学研究实践的成果代表。其文章的部分内容如下：

小学时期，学生的心理仍是处于孩童的心理，在思想品德方面具有很强的可塑性，但也说明小学学生在思想品德上拥有比较弱的自主意识并且比较脆弱的特点。在这一时期，如果不及时纠正学生品德上的缺陷，让这种错误的存在一旦形成习惯，就会影响学生今后的一生，所以，在小学品德教学中加入感悟式的教学，是从学生的情感根本上入手，让其学习并拥有正确的思想品德。在小学品德中进行有效的感悟式教学要注重教学方法和积极表达上的研究与实践。

（一）教学方法

感悟式教学的核心是让学生在情感上与课本上的内容相结合，而不是单方面通过老师的解释，讲解课本上的知识，让学生听到和明白品德课本中语句的意思，感悟式的教学可以说是一种让小学学生真正参与品德教学中的教学方式。而想令学生真正参与其中，就要培养学生在品德教学中拥有自主思考的意识和能力。针对这方面，老师在课堂教学中就要以课本上的内容为基础、中心，然后创设出相应的故事、情境，接着让学生自己发挥想象力，让学生自己亲身体会思想品德教材中的内容，让学生自己思考接下来自己应该做什么以及为什么这样做。小学生是处于最喜欢模仿的人生阶段，像以前小孩子喜欢玩过家家到现代孩子经常模仿电视、游戏里的内容，所以在这个阶段，让小学生通过联想把自己和课本上的内容结合在一起，可以更好地促进学生的思想品德与课本上的内容同步。小学品德教学，不应是一个人的学习，而是不同人思想的相互影响，而现代孩子有的存在专横、自私的特点。针对这点，在课堂上老师的提问不应局限于一个观点或一个角度。小组讨论，很多老师都用过，但效果并不理想，因为小学生没有学会不带情绪、不带个人喜好地去看问题。所以老师在提问的时候，可以把学生分成两个角度以辩论的形式进行讨论，然后再让双方学生交换观点，这样通过让学生去思考、分析不同于自己的观点，来学会理解和认可他人的想法，以达到思想品德上健康成长的目标。

（二）积极表达

有感悟就有表达，在小学品德教育中应用感悟式教学，最重要的目标之一就是引导学生把自己的感悟积极表达出来。现在和以前的老师，用过很多方法来调动课堂的活跃气氛，增加学生学习的积极性，比如一堂课先让一个学生利用五分钟分享一个寓言故事或是一些名人的格言等，但并不是每一个学生都喜欢这样做，长此以往部分学生就会以敷衍的态度把其当作一项任务去完成。这是因为学生之间的个性存在着差异，就好比有的学生喜欢画画，有的喜欢踢足球，老师则可以利用多元化的方式来让每一个学生都有机会表达自己的感悟。如以表演的方式，让几名学生相互合作，内容上可以是以课本上的思想品德内容为基础。但有的性格较内向的学生，即使老师多么主动地去调动其积极参与表演中也很难达到理想的效果，所以针对这部分的学生，老师还可以定期以写小作文的形式，把学生心中的感悟写在纸上，内容方面既可以是对课本内容的感悟，也可以是日常生活中学生自己的感悟，包括读过的文章、亲身经历的事件等。在这个时候，老师要起到从旁指导的作用，不要批评学生的想法，要先通过这些学生的表达方式，了解他们的内心想法，在老师和学生的内心之间建立一个桥梁，打破双方之间的壁垒，令学生感到自己在老师面前不是在被训斥，自己面对的不是老师批评的言语，而是真正对自己有利的东西，是可以让自己轻松、愉悦的东西。

小学品德教学，不是一个老师的事情，而是所有学校和校内所有老师及家长都应该重视的事情，因为品德存在于每一秒、每一分钟、每一个地方，在学校的课堂上，学生学习的是品德教育的知识，在学校的休息时间和离开学校的时候，则是学生实践德育知识的时间。德育教育真正的意义在于，让学生拥有独立自主的、可以自己约束自己、自己培养自己品德的意识和能力。

"组织教学、检查复习、讲授新课、巩固新知识、布置作业"，这是苏联教育家凯洛夫的五步教学法的核心内容。这种教学模式弊端在于学生处于被动接受的地位，"老师讲，学生听""老师问，学生答"，当学生的答案不是教案中预想的，教师就会不厌其烦地提问其他学生，直到满意为止。这种教学，学生不可能成为学习的主人，很难培养出有实践能力和创新意识的现代社会所需要的人才。随着教育改革的不断推进，教育研究者们对传统教学方式进行了大量的反思，也涌现出许多新的教学方法，如启发式教学、反思性教学、探究式教学等。但是，这些教学方法对学生内在的心理活动以及精神世界关注不足，未注意到学生积极地、愉快地感悟人生的活动。

感悟式教学的重点是感悟，也就是通过教学让学生有所感触和有所领悟。"感"包括感触、感觉、感受、感动、感想、情感、语感等，它是感性层面的东西。"悟"包括领悟、省悟、顿悟，它上升到了理性层面，上升到规律性方面。"感悟式教学"首先是一种理念，是一种体现自主学习的教育观，是一种建构生成的教学过程。苏霍姆林斯基说："所谓善于培养智力，就在于给每一个学生找一条学习的路。"但是，值得指出的一点是，感悟不是强调教师什么都不做，教师也应该在某些时候帮助学生去感悟。

九、自由式教学

李卓老师在《大众文艺》2015年第11期上发表了《以自由式教学理念创新小学美术教学探析》一文。文章介绍了作者在小学美术教学中如何打造自由式教学的一些做法，非常有参考价值。文章部分内容如下：

随着现代社会的快速发展，自由式教学、开放式教学越来越成为现代教育的主流。所谓自由式教学，是指以学生为主体，以素质教育为目标，充分挖掘学生最大潜能的教学方式。怎样在新形势下深挖美术课堂的创新机制，营造一种充满活力感、新鲜感的美术课堂教学实践，已成为小学美术教学迫切的需求。在课堂实践中，以探索自由式小学美术教学为切入口和突破口，让学生对美术学习充满兴趣并愿意主动学习美术知识，从而灵活机智地展现自己的个性，努力让学生走出封闭、单一的美术课堂，从而提高教学效果。

（一）植入自由式理念

爱心是营造良好师生关系的纽带。良好的师生关系对学生的学习态度、学习成绩及学生的日常行为具有重要的积极影响。在美术教学中，美术教师要秉承着最真诚的育人之心进行教学工作，才能在实际教学中走进学生、感受学生、触动学生、启发学生，进而建立起良好的师生关系。儿童就像一张白纸，你教他什么，他就在上面画什么，在孩子纯洁的内心中，教师给学生的第一印象十分重要，而第一印象的判断往往取决去教师对孩子的关爱和热情，而学生对于学习的兴趣及动力往往受此影响。教学实践表明，绝大部分学生会因为对美术教师的喜爱而更喜欢美术课，更愿意配合老师积极参加活动。实践表明美术教师与学生的心灵情感的沟通对于教学而言有积极的意义。穿着打扮是教师外在吸引力的直接体现。在课堂上，教师的仪表和着装要尽量朴素大方、整洁素雅，不能太随意，更不能浓妆艳抹，让人看了不舒服。教师如果着装得体，就会增强关注度，就会吸引学生的注意力，从容拉近与学生之间的距离。同时，美术课也是一种美学课，一名美术教师的教学姿势、教学动作，也影响着学生的注意力及上课态度，相较于严厉地训斥和激进的语言，温和自然的教学姿态，表情平和亲切，手势自然而不夸张，眼神坚定专注，在实际教学中更能令学生接受。从课堂效果来讲，教师亲切地微笑会使课堂教学气氛舒适融洽，可以营造一种融洽和谐的课堂氛围，学生积极主动的学习气氛，以便提高学生学习成绩和画画水平。合适的教学态度是师生关系的融合剂。通过尊重学生良好的学习习惯、尊重他们的艺术创作来提高学生学习的积极性。在教学过程中，尊重他们创新和创造的机会，对不同的学习方法要支持和肯定。学生年纪虽小，但也有自己的自尊心，批评与鼓励是完全不同的两种教育方式，对学生产生的影响也不同。教师要走进学生的内心，不仅在学习上了解学生，也要在生活中了解学生，从而更好地贴近学生，找到每个人不同的闪光点，进行因材施教，全面发掘学生的潜力。教师不能以个人好恶判对学生进行学习方法和创新内容予以不认可的评价，更不能影响到作业的评判。因此，要做好教学工作，美术教师要不断扩宽自己的眼界和知识面，提升自己在学生心目中的人格魅力，从而在教学中吸引学生，帮助学生找到适合的学习方式。

（二）打造自由式课程

自由的课堂教学形式日渐凸显其重要性，美术教学中，教师要创新教学机制，恰到好处地向学生提出疑问，给学生创设问题情境，烘托出一个自主灵活的学习氛围，增加学生自主学习交流的时间，在彼此交流中，发散思维，多角度创意，多方面解决问题，努力成为讲授者、创造者、表演者。教师要尊重学生的差异性，给学生发散思维的空间和自由。学生经常对容易完成的绘画作品产生兴奋点，而对于不易完成的作品兴致不高。所以，在教学实践中，教师应该采用先简单后复杂的方式，先引起学生的兴趣，在绘画水平有所提高后，再逐步增加难度。让学生充分发挥自己的想象力，并给予肯定和表扬，激发学生的兴趣，让学生的创新能力逐步上新的台阶。兴趣是课堂教学成功的领跑者。学生兴趣需要引领和培育，首先课堂要对学生有吸引力，从而能使学生产生兴趣，在课堂教学中得到教师的认可更加深了自身的成就感，而成就感更能加深对课堂的兴趣，最终形成良性循环。美术教师要以积极鼓励的方式进行教学，协助学生获得自信。教学实践表明，教师对于学生绘画作品的肯定会使学生树立自信心。在美术教学中，无论学生的绘画作品怎样，都要对其优点予以肯定，不断鼓励他们，使其树立自信，并让学生在绘画中感受和体验到成功的喜悦与自豪，培育学生热爱学习的兴趣。首先，教师从学生的角度来看待学生的作品，而不是从成年人的视角看待学生的作品，这样才能会更加深入地了解学生。在评价学生作品时，不仅要重视教师对作品的评定，更要重视学生之间的评价以及学生对自己作品的评价，这种评价并非是为了区分谁优谁劣，而是为了引起学生对美术的兴趣以及提升学生的美术鉴赏力。其次是运用好表扬的手段。小学美术教师，要注重鼓励和夸奖的作用，对于学生给予正面肯定，也许老师一句肯定的话，就会让学生增强自信，这对于学生的发展具有积极的作用。因此，小学美术教育，坚持赏识教育的同时，特别要注重认同教育。

（三）开启自由式思维

随着时代的进步，美术课程历经改革，对教学老师提出了教学的新要求和新思维，因此，自由式课堂教学的出现，是时代的需要。只有采取自由式的教学方式，在美术教学过程中才能在表现形式上体现出多样性，才能实现各取所需的要求，使学生能够根据自己的喜好表现自己，发扬身上的优点，最终得到赞赏与认可。在导入新课时，先让学生观察摆放的物品，然后提出自己的第一感受。同时，教师要启发学生谈谈自己身边的物品存在的现实性与必要性，并在美术的表现方式中，引导学生提出切实可用的表现主题。

十、多媒体教学

孙琳老师在《中国校外教育》2016年第15期发表了《如何借助多媒体优化数学课堂教学》一文。其主要立足于数学教学，对如何运用多媒体资源进行了探究，具有较高的实践性。文章部分内容如下：

（一）多媒体资源运用的目的

1.多媒体资源运用要化静为动。

活动的对象较之静止的对象容易被感知。多媒体恰恰迎合此点，可以使静止的文字、图形等动起来，完整地展示事物变化过程，让学习素材更加丰富多彩，这样既可突破难点，加深学生对知识的理解过程，又可以为学生活跃思维创造条件，促进学生主动探究。如一年级学生对减法含义的理解还存在一定的难度，教材中运用天鹅的数量来理解：水中有 7 只天鹅，飞走了 3 只。静止的画面很容易让学生从加法的角度去考虑，产生"飞走了 3 只天鹅，加上剩下的 4 只，一共是 7 只，可以用 3+4=7"这样的错误思维导向。为了解决这一问题，教师运用多媒体进行导向：屏幕上先出现 7 只天鹅，再动画演示飞走了 3 只。教师问："现在有几只？飞走了 3 只是从几里面飞走的？"通过这一动态过程，使学生很快理解图意，思维在正确轨道上运行。

2.多媒体资源运用要化难为易。

学生由于年龄特征和生活实践的制约，对于一些抽象的内容不易理解，运用多媒体就可以铺路搭桥，将知识化难为易。如理解"体积"这一概念时，多媒体呈现"乌鸦喝水"的过程，学生发现乌鸦将小石子一块块填入盛有水的瓶子，瓶中水位渐渐上升，这时提问："你看到了什么？想到了什么？"学生通过思考、讨论，慢慢地理解了"占空间"的含义，再将体积概念归纳出来。在抽象与具体的转化过程中，将知识化难为易，学生对此知识印象非常深刻。

（二）多媒体资源运用的策略

1.多媒体资源运用要适时。

所谓适时，即服从教学任务的需要。多媒体是教学手段，离开了教学任务的需要，就没有呈现的必要。如教学"时、分的认识"时，首要的任务是引发学生的认知冲突。教师运用课件呈现钟面（时针上贴有小乌龟，分针上贴有小兔子），然后时针、分针开始走动，小乌龟和小兔子都从 12:00 整开始赛跑。当小乌龟慢慢爬了 1 大格（1 小时），小兔子正好跑完 1 大圈（60 分）。教师问："谁跑得最快？"面对这一悬念，学生纷纷说："小兔子。"教师却不认同，学生茫然不解，心中疑惑。正因为适时设置了造成认识冲突的情境，让学生置身于冲突之中，强烈的探究新知的心理被激发起来，时和分的关系才会在学生活跃的思维中去解决。

2.多媒体资源运用要适量。

所谓适量，即服务于教学过程需要，不能过多。多媒体只给予学生视觉上的效果，只有实践才会让学生深刻认识并掌握相关内容。这就要求教师用多媒体将适量的内容和学生的学习活动有机结合，借助媒体呈现的内容，让学生多种感官并用，在多元互动中突破思维障碍，有效解决问题。

3.多媒体资源运用要适当。

所谓适当，即对媒体资源进行筛选和处理，防止过滥。首先，是针对课本的筛选。既不能完全照搬课本，又不能完全冷落课本，应根据教材内容，进行科学的筛选，力求所选内容能够突出重点，突破难念，突显疑点。其次，是呈现形式的处理。一节课的成功，少不了师生之间思维的交流与碰撞，多媒体的使用应该以此为基点，注重呈现形式的设计，让学生以此为载体，在实践中获得真知。多媒体具有形象性、直观性、生动活泼、信息量大等特点，能够加大课堂密度，提高课堂容量。它的出现确实给我们带来了很多方便，但不可盲目使用，应该注重与传统教学媒体的结合，实现课堂教学的整体优化。

4.多媒体资源运用三个不要。

首先，不要照搬课本。把课本上的知识和图片粘贴在课件上，多媒体资源成了毫无意义的复制品，本该教师板书到黑板上的知识点，也搬到了屏幕上，解题过程等蕴含师生互动的过程被省略，教师的示范作用被取代。其次，不要冷落课本。完全依赖于多媒体进行教学，整节课都不用课本。课本是精心编写出来的，是获取知识的工具，教师以多媒体取而代之，剥夺了学生阅读教材的权力和时间，淡化了教材的作用，重形式轻实质，反而会增加学习难度，降低学习效率。最后，不要忽视操作。有些教师为了让课堂更加生动，注重课件画面的变化，表面上的完整呈现，却带来操作上的过程遗失。如教学"长方体的认识"时，教师运用多媒体课件上点、线的闪烁，依次闪动长方体的面、棱、顶点，使学生认识长方体各部分名称，再通过面和棱的移动、拼合等一系列演示，得出长方体"相对面的面积相等，相对棱的长度相等"这一结论。表面上看，学生在图、文直观生动的变化过程中了解了知识的形成过程，而实质上，学生手中的学具被忽略了。学生在动眼观察过程中，动手操作的过程被遗失了。应该让学生依据现实的事物（以手中的长方体代替屏幕上的画面）来操作，自主发现上述内容，体会知识的同时，更充分感知知识存在的现实性，让学习过程真正变理性为感性。

主要参考文献

[1] 张静.名师工作室:大家好才是真的好[N].中国教育报,
2018-05-02(09).

[2] 王卫国.名师工作室建设须"四动"[J].教学与管理,2018
(13):84.

[3] 杨寿固.中小学名师成长规律及其启示[J].教育实践与研
究,2018(4):36-39.

[4] 林冬桂.从教师到名师:班主任专业成长规划与实现[J].中
小学班主任,2018(2):15-17.

[5] 方大学.教师个性发展是一个渐进的过程[J].江苏教育,
2018(30):59.

[6] 名师名课[J].河北省社会主义学院学报,2018(2):97.

[7] 朱希伟.浅谈名师成长之路[J].陕西教育(教学版),2018
(4):17.

[8] 王佃梅,王佃讯.名师是怎样炼成的[J].陕西教育(教学
版),2018(4):18.

[9] 任勇.探索名师群起的奥妙[N].中国教师报,2018-03-28

(15).

[10] 赖荣明.我们离名师有多远?[J].福建教育,2018(10):59-60.

[11] 余文森.教学主张是名师的"第三只眼睛"[J].新教师,2018(2):1.

[12] 龚明.名师:怎一个"引"字了得[J].湖北教育(教育教学),2018(2):6-7.

[13] 刘绍辉.以"名师工程"的实施推动教师专业成长[J].中国教师,2018(2):100-102.

[14] 刘国良.名师何以谓之"名"[J].辽宁教育,2018(5):51-53.

[15] 熊德明.名师是如何炼成的——基于襄阳市隆中名师的调查研究[J].新课程研究(上旬刊),2018(2):80-82.

[16] 王露.名师的教育理念与实践[J].小学教学研究,2018(4):4.

[17] 名师名课[J].河北省社会主义学院学报,2017(4):2.

[18] 乐和.实施"名师名课"工程提升干部教育水平[J].长江论坛,2017(3):94-95.

[19] 赵亚会.中小学名校长专业发展的叙事研究[D].曲阜:曲阜师范大学,2017.

[20] 刘远.让名课滋养我们的生命[J].语文教学通讯,2016(14):19-20.

[21] 苗凤军.切莫让名校游变了味[N].中国旅游报,2015-08-07(04).

[22] 齐林泉.当仁不让,做个名校长[N].中国教育报,2015-05-14(13).

[23] 张颖.破解名校长成长难题[N].福建日报,2014-05-07

（05）．

［24］王红霞．中小学名校长教育思想形成的影响因素分析——基于扎根理论的研究［J］．教育发展研究，2012（22）：70-74．

［25］曾建发．名校长成长的内在要素探析［J］．教育学术月刊，2011（12）：11-13．

［26］周娟，谢琳．论名校长的成长路径［J］．现代教育论丛，2010（6）：54-57．

［27］郑松松．一所百年名校的精彩［N］．中国教师报，2010-05-12（02）．

［28］邹伟．破除教育"唯名校论"［N］．新华每日电讯，2009-03-05（05）．

［29］康万栋．名校长的成长规律［J］．天津市教科院学报，2009（1）：15-17．

［30］王磊．中小学名校长的评价问题探析［J］．教育测量与评价（理论版），2008（1）：17-19，32．

［31］康万栋．名校长的群体特征——以天津市名校长为例［J］．天津市教科院学报，2008（2）：23-25．

［32］史根林．名校论［D］．苏州：苏州大学，2007．

［33］孙仕满．别让名课缚手脚［J］．山东教育，2007（增刊）：26．

［34］朱伟光．造就一代名师［N］．光明日报，2006-11-08（08）．

［35］郭景扬．名校长角色定位与名校长素质要求［J］．上海教育，2006（14）：27．

［36］陈珊．打造品牌名校发挥辐射功能［N］．甘肃日报，2006-05-19（07）．

［37］名师名课［J］．现代企业教育，2006（2）：70-71．

［38］应俊峰，胡伶，夏江峰．名校长成长过程与要素分析［J］．教

育发展研究,2005(1):22-25.

[39]应俊峰,王洪斌,胡伶.名校长素质特征的研究[J].教育发展研究,2004(12):13-18.

[40]郑晋鸣.名校贵在"含金量"[N].光明日报,2003-05-20.

后　记

　　给出版社发完最后的校订书稿之后，一个人离开办公室静静地走在校园里，闻着花香，看着草绿，偶尔有欢快的脚步从你身边跑过。一声稚嫩的童音，一张幸福的笑脸！忽然深深觉得这平凡的一幕原来就是自己追求的幸福！忽然想起一句诗：默然相爱，寂静欢喜。三十年来，这爱，这欢喜，我想已深入骨髓！你见与不见，情都在那里！

　　当朋友们提醒可以著书立说时，我内心竟狂乱了许久，许久后便是随处可安放的安静，安静！静下心来思考，静下心来感受，静下心来回忆！三十年来的所悟，三十年来的成长，三十年来的实践，于是有了本书。

　　此书是我的第一本专著，行文略显稚嫩，一些观点似乎缺乏有力的论据，却是真实实践后的所思所想。或许它不完美，但如果它能给你的教育生涯带来一点点启迪，我想这就足够了！

　　每个教育工作者都需要不断学习、不断成长，因为我们的心在这里，我们的情在这里！

　　默然相爱，寂静欢喜！